CLÁUSULAS DE INALIENABILIDADE, INCOMUNICABILIDADE E IMPENHORABILIDADE

Wendel de Brito Lemos Teixeira
Mestre em Direito pela Universidade Federal de Uberlândia.
Professor Titular da Pós-Graduação em
Direito Processual Civil da PUC-Uberlândia.
Professor convidado da Escola Superior da
Advocacia da OAB/MG.
Advogado.

CLÁUSULAS DE INALIENABILIDADE, INCOMUNICABILIDADE E IMPENHORABILIDADE

editora
Del Rey

Belo Horizonte
2022

EDITORA DEL REY LTDA.
www.livrariadelrey.com.br

Editor: Arnaldo Oliveira

Editor Adjunto: Ricardo A. Malheiros Fiuza
(*in memoriam*)

Coordenação Editorial: Letícia Neves

Diagramação e revisão: Know-how Editorial

Capa: JP Designer

Editora:
Rua dos Goitacazes, 71 – Lojas 20 a 24
Centro – Belo Horizonte – MG
CEP 30190-050

Comercial:
Tel.: (31) 3284-3284 / 3293-8233
vendas@editoradelrey.com.br

Editorial:
editorial@editoradelrey.com.br

R7582 Wendel de Brito Lemos Teixeira
Cláusulas de inalienabilidade, incomunicabilidade e impenhorabilidade / Wendel de Brito Lemos Teixeira. -- 1. ed.
Belo Horizonte : Del Rey, 2022.
112 p.; 14x21 cm.

Bibliografia: p. 97-98

ISBN 978-65-00-39768-0

I. Direito civil. 2. Herança e sucessão. 3. Impenhorabilidade – Brasil. 4. Ineabilidade de bens. 5. Testamento I. Título.

CDU 347.66

Junio Martins Lourenço – Bibliotecário – CRB-6 3167

Aos meus filhos Felipe e Ana Beatriz,
razão da minha vida!

PREFÁCIO

Ao exame do complexo tema das cláusulas de inalienabilidade, incomunicabilidade e impenhorabilidade, lança-se Wendel de Brito Lemos Teixeira, Professor da Faculdade de Direito da PUC-Uberlândia, em uma das poucas obras no meio jurídico integralmente dedicadas à matéria. Com base em profícua pesquisa, que, por natureza, considera a rica casuística que diuturnamente bate às portas do Judiciário, o autor revisita as principais dificuldades e põe em xeque o tratamento legal das cláusulas restritivas na ordem jurídica. Nessa empreitada, a obra apresenta os vários contornos e obstáculos correlatos, palmilhando itinerário de reforma legislativa para a otimização de tais cláusulas nas relações contratuais e sucessórias.

Após apresentar o tema, na Introdução, com o fito de situar o leitor em torno de suas diversas controvérsias, e permitir a compreensão de modo global do fenômeno, o autor perpassa, no primeiro capítulo, a exposição dos institutos da doação, do testamento e dos contratos onerosos, indicando-os como instrumentos promissores em termos de planejamento sucessório, os quais figuram como objeto de frequente aposição das cláusulas restritivas.

Volta-se então a obra, em substancioso segundo capítulo, à análise das cláusulas restritivas de propriedade em seus aspectos históricos, percorrendo seu tratamento evolutivo no direito comparado. Discute-se, nesse momento, o conceito das três cláusulas – a partir das peculiaridades de cada espécie –, e a sua natureza jurídica

– esmiuçando as principais teorias que se elegeram com o tempo. Explicita, em tom deliberadamente provocativo, alguns dos problemas mais sensíveis, como, por exemplo, a discussão atinente à exigência de justa causa para a instituição de cláusulas restritivas de propriedade na legítima, à luz do que dispõe o art. 1.848 do Código Civil, do que extrai interessante investigação sobre o papel do Judiciário no controle da justa causa e sobre as consequências do reconhecimento de sua invalidade.

Ainda no segundo capítulo são trazidas à tona notas sobre a cláusula de inalienabilidade que, simultaneamente, grava os bens também como impenhoráveis e incomunicáveis, como dispõe o art. 1.911 do Código Civil, com instigante teste de reciprocidade relativamente às cláusulas de impenhorabilidade e de incomunicabilidade, sem perder de vista decisões ilustrativas da matéria.

Outra relevante questão a que se dedica o Prof. Wendel diz com a limitação de duração das cláusulas restritivas, matéria que não raro chega às Cortes, distinguindo-se as que se dizem temporárias das vitalícias ou até mesmo das perpétuas, além de avaliar a viabilidade de cada uma delas no sistema brasileiro. Além disso, propõe debate sobre a intercessão entre o instituto da sub-rogação e as cláusulas restritivas, bem como sobre o cancelamento e a desconstituição judicial ou extrajudicial de cláusula restritiva de propriedade. Numerosos outros temas são ainda enfrentados, para verificação dos aspectos práticos – e da compatibilidade com o sistema jurídico como um todo – das cláusulas de inalienabilidade, incomunicabilidade e impenhorabilidade.

Nas conclusões delineadas, o autor apresenta síntese conclusiva, demonstrando a enorme relevância do tema para fins de preservação do patrimônio familiar, além de funcionar como verdadeira extensão da autonomia privada do testador, doador ou contratante instituidor. Desenvolve-se o tópico mediante o exame crítico do tratamento conferido às cláusulas restritivas no ordenamento jurídico brasileiro, propondo-se o aperfeiçoamento legislativo para a otimização das potencialidades da manifestação de vontade contida em cada cláusula restritiva, com o olhar do fenômeno a partir da experiência prática e de sua eficácia nas relações patrimoniais.

Prof. Gustavo Tepedino

APRESENTAÇÃO

Esta obra nasceu despretensiosa.

Originariamente, desejávamos escrever um artigo sobre este tema interessantíssimo, pouco dissertado e cheio de polêmicas e com que frequentemente deparávamos em julgados e no dia a dia forense.

Ao iniciar o labor, notamos que a quantidade de controvérsias e a complexidade eram bem maiores do que imaginávamos, o que exigiu que nos estudássemos mais ainda no tema.

Quisemos aliar intensidade teórica com prática judicial, apontando decisões judiciais de Tribunais sobre a matéria, principalmente do STF e do STJ.

Diante de tudo isso, já na parte final do desenvolvimento do texto, percebemos que havia ficado extenso para um artigo, mas trazia novas visões sobre temas e envergadura jurídica para ser um bom livro, uma boa monografia.

Ficamos felizes porque sempre gostamos de monografias e sabemos do seu valor para abordar assuntos específicos com a intensidade que merecem.

Para realizar nosso intento, dividimos a obra em quatro partes.

Na primeira parte, fazemos uma introdução sobre o tema.

Na segunda parte versamos sobre testamentos, doações e contratos onerosos.

Abordamos na terça parte as cláusulas restritivas de propriedade quanto a seus aspectos históricos, tratamento no direito comparado, natureza jurídica, conceito e aspectos polêmicos.

Finalmente, na quarta parte realizamos uma análise crítica do tratamento legal das cláusulas restritivas de propriedade no ordenamento jurídico brasileiro e sugerimos aperfeiçoamentos.

Esperamos ao final que este trabalho árduo possa se ombrear às importantes obras de José Ulpiano Pinto de Sousa[1] e Carlos Alberto Dabus Maluf[2], que tanto contribuíram para o estudo e aperfeiçoamento do importante instituto jurídico das cláusulas restritivas.

Uberlândia (MG), janeiro de 2022.

---

1 SOUZA, José Ulpiano Pinto de. *Das clausulas restrictivas da propriedade*: inalienabilidade, impenhorabilidade, incomunicabilidade, conversão e administração ou *Commentario ao art. 3º da lei sucessória n. 1839 de 31 de dezembro de 1907*. São Paulo: Escolas Prof. Salesianas, 1910.

2 MALUF, Carlos Alberto Dabus. *Das cláusulas de inalienabilidade, incomunicabilidade e impenhorabilidade*. São Paulo: YK Editora, 2018.

SUMÁRIO

INTRODUÇÃO

Atualmente as doações, os testamentos e os contratos onerosos são instrumentos importantes de planejamento patrimonial e sucessório, bem como de circulação de riquezas.

Por isso, dá-se grande importância ao teor desses instrumentos jurídicos, que, por sua vez, são compostos de cláusulas.

As cláusulas desses negócios jurídicos permitem moldá-los às necessidades dos participantes dentro dos limites legais.

E, dentre a infinidade de cláusulas que podem existir nas doações, testamentos e contratos onerosos, existem as cláusulas restritivas de propriedade de inalienabilidade, incomunicabilidade e impenhorabilidade, as quais envolvem várias polêmicas.

O motivo do uso frequente das cláusulas restritivas de propriedade no Brasil é explicado por *Miguel Reale*:

> "[...] seu uso é tanto mais frequente quanto mais aumentam as preocupações e as incertezas da vida econômica, gerando no espírito dos pais a natural precaução de cercar a prole de amparo legal contra as mutações bruscas da fortuna. O meio brasileiro, dada a carência de uma estrutura econômico-financeira estável; exposto como é a mutações violentas e descontínuas, e também em virtude de grave tendência ao desperdício – que só uma sábia política

educacional lograria coibir, orientando o povo segundo as salutares diretrizes de prudência econômica e da poupança – não podia ser senão propício ao desenvolver-se de medidas que, em outras nações, só se admitem em caráter excepcional, por respeitar-se normalmente a plenitude do direito de propriedade, segundo as suas finalidades sociais e econômicas".[3]

Além dos motivos apontados, podem surgir inúmeros outros que levem alguém a gravar determinado bem com cláusulas restritivas de propriedade, como a intenção de manter determinado bem no seio da família, a intenção de resguardar a subsistência de sucessores com os frutos decorrentes de um bem gravado com inalienabilidade, de evitar que durante certo período o adquirente do bem o aliene, obrigando o adquirente a conservá-lo, de evitar a divisão do bem com o cônjuge ou convivente, de impedir que um donatário de bem público possa aliená-lo, dentre outros mais.

Vê-se, na prática, pai viúvo ou mãe viúva com filho portador de deficiências clausular de inalienabilidade os bens deixados para o filho por meio da realização de contratos conexos de locação de imóveis por longos períodos; veem-se pai e/ou mãe gravarem imóveis rurais com cláusula de inalienabilidade quando possuem filho pródigo, firmando de forma conexa contratos de arrendamento vantajosos por longo prazo; pais colocando cláusula de inalienabilidade em imóvel rural que passou por várias gerações da família, obrigando os filhos a usufruírem dele sem aliená-lo, a fim de mantê-lo no patrimônio familiar; contratantes que vendem porcentagem de reprodutores equinos ou bovinos com a condição de que o comprador, além de tratá-los e de arcar com todos os seus custos de manutenção, não o venda por certo número de anos; veem-se pais gravarem bens com cláusula de incomunicabilidade aos filhos por temor de divórcio ou dissolução de união estável em virtude de má intenção dos cônjuges

[3] REALE, Miguel. Vínculo da cláusula de inalienabilidade. *Doutrinas Essenciais de Direito Registral*, São Paulo, v. 5, p. 837-846, dez. 2011.

ou conviventes dos sucessores; veem-se pais gravando bens deixados ou doados a filhos endividados ou pródigos com cláusula de impenhorabilidade; municípios doando bens para empresas com cláusula de inalienabilidade e impenhorabilidade, dentre outros.

Diante desse cenário de escassez de trabalhos doutrinários, da importância e do volume de polêmicas que envolvem as cláusulas restritivas de propriedade é que resolvemos dissertar sobre elas.

Capítulo 1

DOAÇÃO, TESTAMENTO E CONTRATOS ONEROSOS

A doação é, segundo o art. 538 do Código Civil, "o contrato em que uma pessoa, por liberalidade, transfere do seu patrimônio bens ou vantagens para outra pessoa".

O testamento, como conceituamos em outra oportunidade, é o "ato de disposição de última vontade no qual o testador dispõe de parte ou totalidade dos seus bens ou de questões não patrimoniais não proibidas em lei".[4]

Já os contratos onerosos são aqueles que preveem contraprestação de ambas as partes.

Como dito, o conteúdo permite moldar a doação, o testamento e os contratos onerosos às necessidades dos envolvidos, além de poder ser requisito de validade de tais negócios jurídicos.

Por isso, importantíssima a preocupação com o teor das cláusulas de doação, testamento e contratos onerosos, nas quais se coloca a vontade do testador (no caso de testamento), do doador (no caso de doação) e dos contratantes (quanto aos contratos onerosos).

---

[4] TEIXEIRA, Wendel de Brito Lemos. A vintena do testamenteiro. *Revista IBDFAM: Famílias e Sucessões*, Belo Horizonte: IBDFAM, v. 37, jan./fev. 2020. p. 20.

Capítulo 2

CLÁUSULAS RESTRITIVAS DE PROPRIEDADE

Dentre essas disposições contratuais importantes, há as seguintes cláusulas restritivas de propriedade:

a) inalienabilidade;

b) incomunicabilidade;

c) impenhorabilidade.

São chamadas de cláusulas restritivas de propriedade porque impõem limitações à propriedade dos bens deixados pelo testador ou doados pelo doador ou negociados em contratos onerosos.

Para muitos, as cláusulas restritivas de inalienabilidade, incomunicabilidade e impenhorabilidade cabem apenas em caso de doação ou testamento, segundo a interpretação literal dos arts. 1.848 e 1.911 do Código Civil.[5]

---

5 Art. 1.848. Salvo se houver justa causa, declarada no testamento, não pode o testador estabelecer cláusula de inalienabilidade, impenhorabilidade, e de incomunicabilidade, sobre os bens da legítima. § 1º Não é permitido ao testador estabelecer a conversão dos bens da legítima em outros de espécie diversa. § 2º Mediante autorização judicial e havendo justa causa, podem ser alienados os bens gravados, convertendo-se o produto em outros bens, que ficarão sub-rogados nos ônus dos primeiros.

Art. 1.911. A cláusula de inalienabilidade, imposta aos bens por ato de liberalidade, implica impenhorabilidade e incomunicabilidade. Parágrafo

As cláusulas restritivas têm a função primordial de limitar a propriedade, por exemplo, ao impedir que o beneficiário de imóvel público com cláusula de inalienabilidade o aliene, ao impedir a comunicação de um imóvel deixado pela mãe ao seu filho com a cônjuge deste, ao impor a impenhorabilidade de uma fazenda pertencente aos pais de um jovem etc.

Também têm as cláusulas restritivas, na maioria das vezes, a função de proteger os próprios beneficiários. Frequentemente a intenção é proteger o patrimônio de atos dos próprios beneficiários, como o faz o pai que insere no testamento cláusula de inalienabilidade de imóvel para impedir que o filho o venda na primeira oportunidade ou o município que doa um imóvel público mediante alguns encargos e veda que o beneficiário aliene tal bem.

Apesar de doutrinadores do escol de *José Ulpiano Pinto de Souza* entenderem aplicável a cláusula restritiva de propriedade em contratos onerosos[6], no Brasil era praticamente pacífico na doutrina e na jurisprudência que apenas se poderia incluir cláusulas restritivas de propriedade em testamentos e doações:

> "CIVIL. CLÁUSULA DE INALIENABILIDADE. ALIENAÇÃO. NULIDADE. NÃO TEM VALOR JURÍDICO A COMPRA E VENDA DE COISA GRAVADA COM A CLÁUSULA DE INALIENABILIDADE". (STJ, REsp 11.678/SP, Rel. Ministro Cláudio Santos, 3ª Turma, julgado em 13/03/1995, DJ 03/04/1995, p. 8127)[7]

único. No caso de desapropriação de bens clausulados, ou de sua alienação, por conveniência econômica do donatário ou do herdeiro, mediante autorização judicial, o produto da venda converter-se-á em outros bens, sobre os quais incidirão as restrições apostas aos primeiros.

6 SOUZA, José Ulpiano Pinto de. *Das clausulas restrictivas da propriedade*, cit., p. 14.

7 Ainda hoje há decisões nesse sentido: "TJMG. APELAÇÃO CÍVEL. AÇÃO DECLARATÓRIA DE NULIDADE DE ALIENAÇÃO DE AÇÕES. PRELIMINAR DE NÃO CONHECIMENTO DO RECURSO REJEITADA. NULIDADE PROCESSUAL POR AUSÊNCIA DE

O Professor *Álvaro Villaça Azevedo*, no entanto, em histórico estudo, passou a defender o cabimento da convenção de inalienabilidade em contratos onerosos, pois não havia proibição na lei. "Dessa forma, não sendo ilícito o negócio oneroso, uma sua cláusula poderá conter um pacto de inalienação, que lhe virá adjecto... só não podendo ofender a lei, os bons costumes e a ordem pública".[8]

O próprio direito romano utilizava as cláusulas restritivas de propriedade tanto em contratos onerosos quanto em gratuitos.[9]

Edson Fachin também passou a defender tal posicionamento:

> "[...] pode ser legítima a cláusula imposta em contratos onerosos, seguindo doutrina estabelecida no direito romano, vislumbrando a possibilidade de inserção da cláusula

INTERVENÇÃO DO MINISTÉRIO PÚBLICO E CERCEAMENTO DE DEFESA EM RAZÃO DA NEGATIVA DE EXPEDIÇÃO DE OFÍCIOS ÀS INSTITUIÇÕES FINANCEIRAS. PREAMBULARES REFUTADAS. CLÁUSULA DE INALIENABILIDADE DAS AÇÕES. CONTRATO ONEROSO. IMPOSSIBILIDADE. SIMULAÇÃO NÃO DEMONSTRADA. HIPÓTESES DE CARACTERIZAÇÃO DE INVALIDADE DO NEGÓCIO JURÍDICO NÃO VERIFICADAS. SENTENÇA MANTIDA. As questões suscitadas na apelação combatem a sentença, inexistindo motivos para não se conhecer do recurso. Preliminar rejeitada. Não há necessidade de intervenção do Ministério Público nas questões eminentemente de direito privado, não havendo nulidade a ser declarada. Deve ser descartado o alegado cerceio de defesa em razão da não expedição de ofícios às instituições financeiras por se tratar de prova inútil, já que os autos possuem elementos suficientes para a solução da controvérsia. A cláusula de inalienabilidade não se aplica a contratos onerosos por se constituir em ato de mera liberalidade incompatível com o caráter da cessão de direitos e obrigações envolvendo transferência de ações" (TJMG, Apelação Cível n. 1.0459.08.030800-8/001, Rel. Des. Moacyr Lobato, 9ª Câmara Cível, DJ 22/03/2016).

8 AZEVEDO, Álvaro Villaça. Cláusula de inalienabilidade. *In*: *Enciclopédia Saraiva do direito*. v. XV. p. 48.

9 SOUZA, José Ulpiano Pinto de. *Das clausulas restrictivas da propriedade*, cit., p. 39.

> de inalienabilidade neste tipo de contrato. A lei, se não a permite expressamente, também não a veda, sendo seu único limite o respeito à lei e à ordem pública".[10]

Principalmente nos dias atuais, quando há grande complexidade de negócios jurídicos e contratos atípicos e de apoio à liberdade negocial (inclusive processual), redobra a importância de se permitir a inalienabilidade, impenhorabilidade ou incomunicabilidade em contratos onerosos, desde que não seja proibida legalmente e que não seja incompatível com a natureza jurídica de tais contratos.

Na prática existe uma infinidade de contratos onerosos que contêm cláusulas de inalienabilidade, embora muitas vezes as pessoas não tenham ciência de que se trata de tal espécie de cláusula restritiva de propriedade. Cite-se, por exemplo, o caso do contrato de franquia no qual o franqueador impede a alienação pelo franqueado de determinado bem adquirido pelo último por certo lapso de tempo a fim de não fazer concorrência; o indivíduo que vende um bem a outrem sob a condição de que o adquirente apenas aliene tal bem depois de transcorridos cinco anos; a pessoa que vende parte de um equino de raça ficando o comprador impedido de alienar o animal para terceiros por três anos etc.

Frequente ainda a cláusula de inalienabilidade em contratos de venda e compra de imóvel com financiamento. Tal cláusula é válida e tem sido mantida pelos tribunais:

> "COMPROMISSO DE COMPRA E VENDA - AÇÃO AFORADA POR CESSIONÁRIO DE IMÓVEL FINANCIADO COM CLÁUSULA DE INALIENABILIDADE - PRETENSÃO DE OBRIGAÇÃO POR FAZER - 'CONTRATO DE GAVETA' - IMPOSSIBILIDADE JURÍDICA DO PEDIDO - BEM 'EXTRA-COMMERCIUM' - CLÁUSULA DE INALIENABILIDADE DESRESPEITADA POR CONTRATANTES - ILEGALIDADE MANIFESTA DO PEDIDO E DO AJUSTE - FEITO JULGADO 'EX-OFFICIO' EXTINTO E

---

[10] FACHIN, Luiz Edson. *Estatuto Jurídico do Patrimônio Mínimo à luz do novo Código Civil brasileiro e da Constituição Federal.* Rio de Janeiro, 2006. p. 119.

> SEM EXAME DO MÉRITO – DECISÃO REFORMADA – APELOS PREJUDICADOS". (TJSP, Apelação Cível n. 20961-69.2012.8.26.0477, Rel. Giffoni Ferreira, 2ª Câmara de Direito Privado, Foro Regional VII – Itaquera – 3ª Vara Cível; data do julgamento: 11/01/2021; data de registro: 11/01/2021)

> "SEGURO HABITACIONAL – COMPETÊNCIA DA JUSTIÇA ESTADUAL – IMÓVEL FINANCIADO PELA CEF – 'CONTRATO DE GAVETA' – BEM 'EXTRA-COMMERCIUM' – CLÁUSULA DE INALIENABILIDADE DESRESPEITADA POR CONTRATANTES – ILEGALIDADE MANIFESTA DO PACTO E DO PEDIDO – NULIDADE RECONHECIDA 'EX OFFICIO' – FALTA DE INTERESSE DE AGIR – SENTENÇA REFORMADA – DEMANDA EXTINTA SEM RESOLUÇÃO DO MÉRITO – RECURSO PROVIDO". (TJSP, Apelação Cível n. 1000310-65.2014.8.26.0691, Rel. Giffoni Ferreira, 2ª Câmara de Direito Privado; Foro de Buri – Vara Única; data do julgamento: 17/12/2020; data de registro: 17/12/2020)

A 3ª Turma Recursal Cível do TJRS, em interessante julgado, considerou válida também a cláusula de inalienabilidade de milhas de um programa de fidelidade de uma companhia aérea:

> "RECURSO INOMINADO. CONSUMIDOR. INDENIZATÓRIA. COMPANHIA AÉREA. PROGRAMA DE FIDELIDADE. PRELIMINARES AFASTADAS. CLÁUSULA DE INALIENABILIDADE. LIVRE ESTIPULAÇÃO DE VONTADES. AUSÊNCIA DE VEDAÇÃO LEGAL NESSE SENTIDO. NULIDADE INEXISTENTE. DANOS MORAIS NÃO CONFIGURADOS. Ante a ausência de conduta abusiva pela demandada. Sentença reformada. Recurso provido". (TJRS, Recurso Cível n. 71009242173, Rel. Luís Francisco Franco, 3ª Turma Recursal Cível, Turmas Recursais, julgado em 28/05/2020)[11]

---

[11] Em sentido contrário: "AGRAVO DE INSTRUMENTO – AÇÃO COMINATÓRIA – TUTELA ANTECIPADA – REQUISITOS PREVISTOS NO ART. 461, § 3º, DO CPC – AUSÊNCIA – 'PROGRAMA DE FIDELIDADE'

Diferentemente da cláusula de inalienabilidade, não se admitem cláusulas de incomunicabilidade e de impenhorabilidade em contratos onerosos pelo fato de tais cláusulas serem incompatíveis com a natureza jurídica dos referidos contratos.

Admitem-se as cláusulas restritivas sobre bens móveis (veículos, ações, quotas sociais[12], títulos patrimoniais, semoventes, dentre outros) e imóveis.

No caso de bens imóveis, exige-se que seja gravada na matrícula do imóvel a existência da cláusula restritiva. Já em relação a bens móveis, se possível (dependendo da natureza), também devem ser gravados. No caso de um veículo, por exemplo, bem passível de gravame, deve ser registrado perante o Detran a inalienabilidade, incomunicabilidade ou impenhorabilidade.

CRIADO POR COMPANHIA AÉREA - COMERCIALIZAÇÃO DAS 'MILHAS' ADQUIRIDAS PELO CONSUMIDOR - POSSIBILIDADE - NEGÓCIO JURÍDICO ONEROSO - INSUBSISTÊNCIA DA CLÁUSULA DE INALIENABILIDADE PREVISTA NOS REGULAMENTOS DAS AGRAVANTES - RECURSO DESPROVIDO. - Nos termos do art. 461, § 3º, do CPC, é lícito ao juiz conceder liminarmente a obrigação de fazer ou não fazer, desde que seja relevante o fundamento da demanda e haja justificado receio de ineficácia do provimento final. Ausentes o *fumus boni iuris* e o *periculum in mora*, deve ser indeferido o pedido de antecipação dos efeitos da tutela, postulado na ação cominatória. - Embora os Regulamentos dos Programas TAM Fidelidade e Multiplus Fidelidade vedem a comercialização das milhas adquiridas pelos consumidores, referida disposição não deve, *a priori*, prevalecer, vez que, por se tratar, em princípio, de um negócio jurídico oneroso, não é admissível a imposição de cláusula de inalienabilidade. As cláusulas restritivas de direitos (inalienabilidade, impenhorabilidade e incomunicabilidade) somente podem ser instituídas nos negócios jurídicos gratuitos, a exemplo da doação e do testamento. - Recurso a que se nega provimento" (TJMG, Agravo de Instrumento-Cv n. 1.0024.13.197143-4/001, Rel. Des. Eduardo Mariné da Cunha, 17ª Câmara Cível, julgado em 21/11/2013, publicação da súmula em 03/12/2013).

12 Nesse sentido: TJRS, Agravo de Instrumento n. 70082484833, 20ª Câmara Cível, Rel. Walda Maria Melo Pierro, julgado em 16/10/2019.

Ainda não se admite sejam instituídas cláusulas restritivas de propriedade sobre os próprios bens porque tal gravação iria de encontro a sua finalidade jurídica (que é proteger outrem) e seria um mecanismo para fraude contra credores. O STJ conclui da mesma forma:

> "RECURSO EM MANDADO DE SEGURANÇA. APREENSÃO DE VEÍCULO. CONTRABANDO. DEPÓSITO JUDICIAL. CLÁUSULAS. DEFERIDO O DEPÓSITO JUDICIAL DO VEÍCULO POR INTERESSAR AO JULGAMENTO DA AÇÃO, ACHA-SE O DEPOSITÁRIO OBRIGADO, SOB PENA DE RESPONSABILIDADE CIVIL E CRIMINAL, A GUARDAR, CONSERVAR E RESTITUIR A COISA QUANDO LHE FOR DETERMINADO. INCABÍVEL A IMPOSIÇÃO DE CLÁUSULAS DE INALIENABILIDADE E DE INTRANSFERIBILIDADE INCIDENTE SOBRE O PRÓPRIO BEM, UMA VEZ QUE ÍNSITAS AO PRÓPRIO DEPÓSITO JUDICIAL". (STJ, RMS 1.645/SP, Rel. Ministro Jesus Costa Lima, 5ª Turma, julgado em 14/10/1992, DJ 03/11/1992)

Por não se admitir sejam instituídas sobre os próprios bens, ainda que exista cláusula de inalienabilidade ou impenhorabilidade, os bens deixados em herança responderão pelas dívidas do falecido. Mesmo pensamento da jurisprudência:

> "MEIO AMBIENTE - AGRAVO DE INSTRUMENTO - CUMPRIMENTO DE SENTENÇA - Ação civil pública - Indenização por dano ambiental - Desconsideração da personalidade jurídica - Possibilidade, independentemente da existência de desvio de finalidade ou confusão patrimonial - Elementos indicativos de que a personalidade jurídica consiste obstáculo ao ressarcimento dos danos ambientais causados - Inteligência do artigo 4º da Lei 9.605/98 - Defeito da decisão que deferiu a medida, por ter sido proferida de maneira incompleta - Ausência de prejuízo à defesa - Erro passível de correção a qualquer tempo, com a apresentação dos fundamentos para

a desconsideração ali determinada, na própria decisão agravada e no julgamento do presente recurso - Desconsideração determinada na vigência do Código de Processo Civil de 1973 - Desnecessária prévia citação ou intimação para viabilizar o imediato direcionamento da execução contra o patrimônio do sócio, ainda que já partilhado aos herdeiros, assegurado o exercício de defesa pelos meios processuais cabíveis - Inexistência de prejuízo decorrente da falta de intimação para pagamento voluntário do débito, providência que pode ser adotada pela parte a qualquer tempo. AGRAVO DE INSTRUMENTO - CUMPRIMENTO DE SENTENÇA - Bens constritos gravados com cláusula de inalienabilidade, incomunicabilidade e impenhorabilidade - Irrelevância - Restrição que não atinge dívidas do próprio autor da herança - Patrimônio do falecido que responde por dívidas deste - Inteligência do artigo 1.997 do Código Civil - Cláusulas que somente incidiriam na hipótese de dívidas contraídas pela própria beneficiária dos bens - Recurso improvido". (TJSP, Agravo de Instrumento n. 2199535-17.2016.8.26.0000, Rel. Luis Fernando Nishi, 2ª Câmara Reservada ao Meio Ambiente; Foro de Mogi Mirim - 1ª Vara; data do julgamento: 04/12/2017; data de registro: 05/12/2017)

"RECURSO ESPECIAL. SUCESSÃO. DÍVIDAS DO MORTO. TESTAMENTO QUE GRAVA OS IMÓVEIS DEIXADOS COM CLÁUSULAS DE INALIENABILIDADE E IMPENHORABILIDADE. POSSIBILIDADE DE PENHORA, EM EXECUÇÃO MOVIDA POR CREDOR DO *DE CUJUS*. 1. Os bens deixados em herança, ainda que gravados com cláusula de inalienabilidade ou de impenhorabilidade, respondem pelas dívidas do morto. 2. Por força do Art. 1.676 do Código Civil de 1916, as dívidas dos herdeiros não serão pagas com os bens que lhes foram transmitidos em herança, quando gravados com cláusulas de inalienabilidade e impenhorabilidade, por disposição de última vontade. Tais bens respondem, entretanto, pelas dívidas contraídas pelo autor da herança. 3. A cláusula testamentária de inalienabilidade não impede a penhora

> em execução contra o espólio". (STJ, REsp 998.031/SP, Rel. Ministro Humberto Gomes de Barros, 3ª Turma, julgado em 11/12/2007, DJ 19/12/2007, p. 1230)

Podem incidir as cláusulas restritivas sobre bens singulares, sobre um conjunto de bens ou sobre toda uma herança.

Por força do § 1º do art. 1.848 do Código Civil, "não é permitido ao testador estabelecer a conversão dos bens da legítima em outros de espécie diversa", ou seja, não pode o testador impor que os bens da legítima, gravados ou não com inalienabilidade, impenhorabilidade ou incomunicabilidade, sejam vendidos para que se reparta o produto da venda.

2.1 ASPECTOS HISTÓRICOS

Como dá conta *José Ulpiano Pinto de Souza,* os romanos utilizaram muito a cláusula de inalienabilidade, mas quase que exclusivamente em testamentos.[13] Ensina ainda o grande autor brasileiro que a cláusula de inalienabilidade do direito romano não podia ser estipulada isoladamente (devendo ser inserta no pacto principal), era pessoal, temporária e tinha por intuito proteger as famílias contra as prodigalidades ou a má administração de um de seus componentes com o fim último de conservar o patrimônio familiar.[14]

Carlos Alberto Dabus Maluf cita outras situações nas quais a cláusula de inalienabilidade era utilizada pelos romanos:

> "O jurista francês C. Legros, mostrando as origens da cláusula de inalienabilidade no direito romano, cita a *Lei Julia de fundo dotali,* que impedia o marido de alienar o imóvel dotal sem a anuência da sua mulher; um edito de Augusto que proibia a venda de terrenos itálicos litigiosos;

[13] SOUZA, José Ulpiano Pinto de. *Das clausulas restrictivas da propriedade,* cit., p. 39.

[14] SOUZA, José Ulpiano Pinto de. *Das clausulas restrictivas da propriedade,* cit., p. 40.

> e, mais tarde, a proibição por Justiniano da alienação, de uma maneira geral, das coisas litigiosas, lembrando ainda que, anteriormente, as leis agrárias T. Gracchus, de Suula e de César declararam a inalienabilidade de seus terrenos rurais".[15]

Posteriormente, as Ordenações Filipinas, no Livro 4º, Título XI, previram a inalienabilidade como limitação lícita da propriedade ou consequência de direito de outrem originário de pacto ou testamento.[16]

Dispunham as Ordenações Filipinas no Livro 4º, Título XI:

> "Cada hum poderá vender a sua cousa a quem quizer, e polo melhor preço que podér e não será obrigado vendel-a a seu irmão, nem a outro parente, nem poderão dizer, que a querem tanto por tanto. Nem poderão os filhos, nem outros descendentes desfazer a venda, e haver a cousa tanto por tanto, por dizerem que foi de seu avoengo.
>
> 1. Porém, se o testador em seu testamento deixar sua herança, ou legado a alguma pessoa, mandando que o não possa vender, nem amealhar, se não a algum seu irmão, ou parente mais chegado, cumprir-se-há que pelo testador fôr mandado.
> 2. É bem assi, se algum deu, ou vendeu alguma cousa sua a outrem, com condição que não a possa vender, nem alhear, senão a seu irmão, ou a outra certa pessoa, fazendo-se a emalheação em outra maneira, será nenhuma e de nenhum effeito".

A Lei n. 57, de 6 de outubro de 1835, dispôs que os bens de Morgados, Capellas ou oriundos de qualquer outro vínculo, natureza

---

[15] MALUF, Carlos Alberto Dabus. *Das cláusulas de inalienabilidade, incomunicabilidade e impenhorabilidade*, cit., 2018, p. 17.

[16] MALUF, Carlos Alberto Dabus. *Das cláusulas de inalienabilidade, incomunicabilidade e impenhorabilidade*, 2018, cit., p. 57.

ou denominação passarão aos herdeiros dos últimos administradores, não podendo eles aliená-los por testamento ou outro título.[17]

Dispunha a referida lei:

> "Art. 1º Fica prohibido o estabelecimento de Morgados, Capellas ou quaesquer outros vinculos, de qualquer natureza ou denominação que sejão, e os existentes ficaráõ extinctos pela morte dos actuaes administradores legitimos.
>
> Art. 2º Os bens, que, em virtude do artigo precedente, deixarem de ser vinculados, passaráõ, segundo as leis que regulão a sucessão legitima aos herdeiros dos ultimos administradores, não podendo estes dispôr delles, em testamento nem por algum outro titulo.
>
> Art. 3º As disposições acima só comprehendem os vinculos pertencentes á familias, administrados por individuos delas".

O Decreto n. 6.982, de 27 de julho de 1878, que regulava a execução de sentenças civis e comerciais estrangeiras, mencionava que não poderiam ser executadas as sentenças que impusessem inalienabilidade perpétua:

> "Art. 1º As sentenças estrangeiras, civeis ou commerciaes, só poderão ser executadas no Brazil, concorrendo os requisitos seguintes:
>
> § 1º Que a nação, a que pertencem os Juizes ou Tribunaes que as proferiram, admitta o principio da reciprocidade.
>
> § 2º Que venham revestidas das formalidades externas necessarias para tornal-as executorias, segundo a legislação do respectivo Estado.
>
> § 3º Que tenham passado em julgado.
>
> § 4º Que estejam devidamente authenticadas pelo Consul brazileiro.

[17] MALUF, Carlos Alberto Dabus. *Das cláusulas de inalienabilidade, incomunicabilidade e impenhorabilidade*, 2018, cit., p. 64.

> § 5º Que sejam acompanhados da traducção em vulgar por interprete juramentado.
>
> Art. 2º Não obstante concorrerem os requisitos do artigo antecedente, as ditas sentenças não serão executadas se contiverem decisão contraria:
>
> [...]
>
> § 3º A's que regulam a organização da propriedade territorial, como são as que prohibem o estabelecimento de morgados e vinculos, a inalienabilidade perpetua".

O Decreto n. 1.839, de 31 de dezembro de 1907, que promovia a regulação do "deferimento da herança no caso da sucessão *ab intestato*", dispunha em seu art. 3º que o testador poderia determinar a conversão dos bens da legítima em outras espécies, bem como prescrever a incomunicabilidade, atribuir à mulher herdeira a livre administração e promover a inalienabilidade temporária ou vitalícia, tudo sobre a legítima:

> "Art. 2º O testador que tiver descendente ou ascendente succesivel só poderá dispor de metade dos seus bens, constituindo a outra metade a legitima daquelles, observada a ordem legal.
>
> Art. 3º O direito dos herdeiros, mencionados no artigo precedente, não impede que o testador determine que sejam convertidos em outras especies os bens que constituirem a legitima, prescreva-lhes a incommunicabilidade, attribua á mulher herdeira a livre administração, estabeleça as condições de inalienabilidade temporaria ou vitalicia, a qual não prejudicará a livre disposição testamentaria e, na falta desta, a transferencia dos bens aos herdeiros legitimos, desembaraçados de qualquer ônus".

Pinto Ferreira menciona que o Decreto n. 1.839/1907, chamado de Lei Feliciano Pena, deu-se porque o "prestigioso senador mineiro conseguiu fosse aprovado com rapidez, em 31 de dezembro de

1907, com o fim de evitar que um genro perdulário levasse à miséria a filha e os netos do mencionado parlamentar".[18]

O Código Civil de 1916, por sua vez, disciplinou as cláusulas restritivas de propriedade em seu bojo, mais especificamente nos arts. 1.676, 1.677 e 1.723:

> "Art. 1.676. A clausula de inalienabilidade temporária, ou vitalícia, imposta aos bens pelos testadores ou doadores, não poderá, em caso algum, salvo os de expropriação por necessidade ou utilidade pública, e de execução por dividas provenientes de impostos relativos aos respectivos imóveis, ser invalidada ou dispensada por atos judiciais de qualquer espécie, sob pena de nulidade.
>
> Art. 1.677. Quando, nas hipóteses do artigo antecedente, se der alienação de bens clausulados, o produto se converterá em outros bens, que ficarão subrogados nas obrigações dos primeiros.
>
> Art. 1.723. A legítima dos herdeiros, fixada pelo art. 1.721, não impede que o testador determine que sejam convertidos em outras espécies os bens que a constituam, lhes prescreva a incomunicabilidade, atribua à mulher herdeira a livre administração, estabeleça as condições de inalienabilidade temporária ou vitalícia, a qual não prejudicará a livre disposição testamentária, e, na falta desta, a transferência dos bens aos herdeiros-legítimos, desembaraçados de qualquer ônus".

Com o advento do Código Civil de 2002 (ainda vigente), há o tratamento da matéria em sede dos arts. 1.848 e 1.911:

> "Art. 1.848. Salvo se houver justa causa, declarada no testamento, não pode o testador estabelecer cláusula de inalienabilidade, impenhorabilidade, e de incomunicabilidade, sobre os bens da legítima.

[18] FERREIRA, Pinto. *Tratado das heranças e dos testamentos*. São Paulo: Saraiva, 1990. p. 420.

§ 1º Não é permitido ao testador estabelecer a conversão dos bens da legítima em outros de espécie diversa.

§ 2º Mediante autorização judicial e havendo justa causa, podem ser alienados os bens gravados, convertendo-se o produto em outros bens, que ficarão sub-rogados nos ônus dos primeiros.

Art. 1.911. A cláusula de inalienabilidade, imposta aos bens por ato de liberalidade, implica impenhorabilidade e incomunicabilidade.

Parágrafo único. No caso de desapropriação de bens clausulados, ou de sua alienação, por conveniência econômica do donatário ou do herdeiro, mediante autorização judicial, o produto da venda converter-se-á em outros bens, sobre os quais incidirão as restrições apostas aos primeiros".

2.2 DIREITO COMPARADO

2.2.1 Alemanha

O BGB (Código Civil alemão) prevê as cláusulas restritivas de propriedade nos seus §§ 135 a 137 (Declaração de vontade dos negócios jurídicos - Título II da Seção III do Livro I) e 2338 (Da legítima no Direito das Sucessões -Seção V do Livro V).

Dispõe o § 135 (1) do BGB que a alienação de bem com cláusula de inalienabilidade é ineficaz perante as pessoas protegidas por tal cláusula. Menciona ainda que a alienação por negócio jurídico se equipara à alienação por execução forçada ou arresto.

Aduz o § 135 (2) que se aplicam analogicamente tais dispositivos para aqueles cujos direitos se originam de quem não seja titular.

Já o § 136 do BGB determina que se equipara à inalienabilidade prevista no § 135 a proibição de alienação pronunciada por juízo ou outra autoridade pública dentro da sua competência.

O § 137, por sua vez, menciona que por negócio jurídico não se pode excluir ou limitar a faculdade de disposição de um direito alienável. Esse dispositivo não afeta a eficácia obrigacional de não disposição de um direito.

Disciplina o § 2338 (1) a possibilidade de se instituir cláusula limitadora da propriedade sobre a legítima quando um descendente for pródigo ou endividado e a aquisição dos bens deixados ficar em risco com a morte do descendente. Seus herdeiros legítimos devem receber o que foi a ele deixado, ou a legítima a ele devida, na qualidade de herdeiros sucessivos ou de legatários sucessivos, conforme seus quinhões hereditários. O testador pode também, durante o tempo de vida do descendente, confiar a administração a um testamenteiro; caberá ao descendente, em tal caso, perceber os rendimentos líquidos anuais.

Do § 2338 (2) do BGB consta que se aplicam analogicamente às disposições mencionadas os preceitos do § 2236, alíneas 1 a 3. São ineficazes as determinações quando, ao tempo da abertura da sucessão, o descendente não seja mais pródigo ou não mais exista o excesso de dívidas que deu causa à determinação.

2.2.2 França

Na França não se admitiam cláusulas restritivas de propriedade em sede de testamento e doação.

A base legal era a redação original do art. 6 do Código Civil francês, que dispunha não se poder derrogar, por convenções particulares, as leis que dizem respeito à ordem pública e aos bons costumes.

Tal visão perdurou por longo período.

Conforme dá conta *Carlos Alberto Dabus Maluf* em obra que é referência sobre o tema, posteriormente a doutrina e a jurisprudência francesas começaram a entender que o art. 6 do Código Civil não vedava a instituição de proibição de alienar de forma temporária.[19]

Foi editado ainda o Decreto de 4 janeiro de 1955, que tratava da reforma da publicidade relativa aos bens imóveis, no

[19] MALUF, Carlos Alberto Dabus. *Das cláusulas de inalienabilidade, incomunicabilidade e impenhorabilidade.* São Paulo: Saraiva, 1986. p. 104.

qual constava que deveriam ser publicados no registro de imóveis os atos *inter vivos* gravados de cláusulas de inalienabilidade temporária e outras restrições ao direito de dispor, além das decisões judiciais que estabelecessem essas cláusulas.[20] Tal ato normativo reconheceu implicitamente a legalidade das cláusulas de inalienabilidade.[21]

Em 3 de julho de 1971 adveio a Lei n. 71-526, relativa às cláusulas de inalienabilidade contidas em doação ou testamento, que alterou o art. 900 do Código Civil francês e incluiu nele o art. 900-1, com a seguinte redação:

> "As cláusulas de inalienabilidade que afetam uma propriedade doada ou legada são válidas apenas se forem temporárias e justificadas por um interesse sério e legítimo. Mesmo neste caso, o donatário ou herdeiro ou legatário pode ser judicialmente autorizado a alienar a propriedade se o interesse que justificou a cláusula desaparecer ou se acontecer de um interesse mais importante o exigir. O disposto neste artigo não prejudica as doações feitas a pessoas coletivas ou mesmo a pessoas físicas que dependem delas para constituir pessoas coletivas".

Essa redação do art. 900-1 do Código Civil francês perdura até os dias atuais.

2.2.3 Itália

O art. 1379 do Código Civil italiano estipula que a previsão contratual de proibição de alienar tem efeito apenas entre as partes e não é válida se não for estabelecida dentro de convenientes limites de tempo e se não corresponder a um apreciável interesse de uma das partes.

---

20 MALUF, Carlos Alberto Dabus. *Das cláusulas de inalienabilidade, incomunicabilidade e impenhorabilidade*, cit., 1986, p. 104.

21 MALUF, Carlos Alberto Dabus. *Das cláusulas de inalienabilidade, incomunicabilidade e impenhorabilidade*, cit., 1986, p. 104.

2.2.4 Suíça

O Código Civil suíço prevê em seu art. 480 (1) que um descendente do testador contra o qual existem títulos de falta de bens pode ser privado de metade de sua legítima, desde que seja atribuída a seus descendentes, nascidos ou por nascer.

Consta também do art. 480 (2) que essa deserdação decai, a pedido dos deserdados, se no momento da abertura da sucessão não mais existirem títulos de falta de bens ou quando a soma das importâncias de todos eles não exceder à quarta parte do quinhão hereditário.

Como bem observa *Carlos Alberto Dabus Maluf*, "além desse caso especial, encontra-se a inalienabilidade nos *Asiles de Famille*, previstos nos arts. 349 a 359 do Código Civil suíço".[22]

2.3 NATUREZA JURÍDICA

A doutrina desde sempre discutiu qual a natureza jurídica das cláusulas restritivas de propriedade (inicialmente questionando a inalienabilidade). Surgiram três teorias:

a) a teoria da incapacidade pessoal de alienar;

b) a teoria da obrigação de não fazer ou de não alienar;

c) a teoria da restrição da propriedade como limitação real (ônus real).

A primeira das teorias (a teoria da incapacidade pessoal de alienar) defende que a inalienabilidade teria natureza jurídica de incapacitar o beneficiário do bem de dispor, com o que não concordamos porque somente a lei pode criar incapacidade pessoal, e não testamentos ou instrumentos de doação ou de negócios jurídicos. Há ainda uma limitação de disposição de bem e não incapacidade do donatário ou pessoa que adquirir o bem.

---

[22] MALUF, Carlos Alberto Dabus. *Das cláusulas de inalienabilidade, incomunicabilidade e impenhorabilidade*, cit., 1986, p. 109.

A segunda das correntes coloca a inalienabilidade como obrigação de não fazer ou de não alienar, do que divergimos porque, se fosse mera obrigação pessoal, poderia se converter em perdas e danos, o que não ocorre neste caso pelo fato de na maioria das vezes ser inútil diante da infungibilidade do bem não alienável.

A última das teorias (a teoria da indisponibilidade como limitação real ou ônus real) é a mais acertada a nosso ver, uma vez que grava o bem limitando o direito de dispor (*jus abutendi*). Limita o direito de propriedade de formas variadas. Grava com um ônus real, um gravame. Adiciona um ônus real a coisa própria do donatário ou adquirente.

A análise da natureza jurídica citada acima também se aplica para as causas restritivas de incomunicabilidade e impenhorabilidade, sendo estas também ônus reais (teoria da restrição da propriedade como limitação real).

2.4 CONCEITO

As cláusulas de incomunicabilidade, impenhorabilidade e inalienabilidade são cláusulas gerais restritivas de propriedade.

São cláusulas gerais porque encerram tipo aberto, necessitando de preenchimento pelo aplicador do Direito.

Consideram-se restritivas porque colocam limitação ao direito de propriedade sobre determinado bem seja no direito de dispor, de comunicar o bem com cônjuge ou convivente ou de penhorar.

Não se confundem as cláusulas restritivas de propriedade (limitação ao direito de propriedade) com o encargo (modo).

Como bem ensina *Agostinho Alvim,* diferencia-se a limitação da propriedade do encargo pelo fato de que apenas o último enseja uma obrigação, bem como pelo fato de que a limitação visa proteger, o que não ocorre no encargo.[23]

---

[23] ALVIM, Agostinho. *Da doação.* São Paulo: Revista dos Tribunais, 1963. p. 233.

Tanto que mesmo uma doação contendo cláusulas restritivas de propriedade (inalienabilidade e/ou incomunicabilidade e/ou impenhorabilidade) será considerada doação pura.[24]

2.4.1 Cláusula de incomunicabilidade

A cláusula de incomunicabilidade impede que o bem testado, doado ou negociado se comunique com o cônjuge ou convivente do herdeiro, legatário, donatário ou contratante beneficiado com o bem.

Aplica-se tanto em casamentos e uniões heterossexuais como homossexuais, uma vez que o ordenamento jurídico não promove tal diferenciação e nem poderia, sob pena de inconstitucionalidade.

Como lembram *Gustavo Tepedino, Heloisa Helena Barbosa* e *Maria Celina Bodin de Moraes*, pode ser instituída cláusula de incomunicabilidade sobre bem cujo beneficiário não esteja casado.[25]

A cláusula de incomunicabilidade não veda que o cônjuge receba como herdeiro bem de propriedade de seu cônjuge com ela gravado. Essa cláusula não se confunde com vocação hereditária.

2.4.2 Cláusula de impenhorabilidade

Já a cláusula de impenhorabilidade implica a impossibilidade de penhora sobre o bem testado ou doado por dívidas do herdeiro, legatário ou donatário. A jurisprudência não diverge:

> "AGRAVO DE INSTRUMENTO. Ação de execução. Decisão que determinou o cancelamento da penhora do imóvel de matrícula n. 54.427 do 13º Cartório de Registro de Imóveis de São Paulo/SP, a expedição de ofício ao referido cartório para que proceda às averbações das penhoras dos imóveis de matrículas n. 58.952, 58.953, 58.954 e 58.955 e deferiu a penhora dos imóveis descritos nas matrículas n. 54.428 e 54.429 do 13º Cartório de Registro de Imóveis de

[24] ALVIM, Agostinho. *Da doação*, cit., 1963, p. 239.

[25] TEPEDINO, Gustavo *et al. Código Civil interpretado conforme a Constituição da República.* Rio de Janeiro: Renovar, 2014. v. IV. p. 748.

São Paulo em nome do executado E. N., ora agravante. Insurgência do recorrente acerca do deferimento da penhora dos imóveis de matrículas n. 54.428 e 54.429. Alegação de não ser possível a execução de bens gravados com cláusula de impenhorabilidade. Admissibilidade. Imóveis penhorados que são de propriedade do executado por doação, e estão gravados com cláusulas de impenhorabilidade e incomunicabilidade, impostas pelos doadores. Bens que não podem ser objeto de constrição judicial, uma vez que prevalecem as cláusulas de impenhorabilidade e incomunicabilidade. Decisão reformada. Recurso provido." (TJSP, Agravo de Instrumento n. 2102493-89.2021.8.26.0000, Rel. Desembargador Helio Faria, 18ª Câmara de Direito Privado, julgado em 19/08/2021)

"Processual. Ação monitória em fase de cumprimento de sentença. Decisão que indeferiu a pretendida penhora da nua propriedade de fração ideal de imóvel de copropriedade da agravada (executada). Pretensão à reforma. Inviabilidade. Cláusulas de impenhorabilidade e incomunicabilidade registradas na matrícula do imóvel por ato de liberalidade na ocasião da doação. Incidência do disposto no artigo 833, inciso I, do CPC. Cláusulas restritivas que foram registradas na matrícula do imóvel muito antes do ajuizamento da ação monitória. Precedentes do C. STJ e desta C. Corte. RECURSO DESPROVIDO." (TJSP, Agravo de Instrumento n. 2232245-51.2020.8.26.0000, Rel. Desembargador Mourão Neto, 19ª Câmara de Direito Privado, julgado em 22/11/2020)

"AGRAVO DE INSTRUMENTO – Ação demarcatória c/c esbulho possessório e restituição com perdas e danos, ora em fase de cumprimento de sentença – Decisão recorrida que reviu a decisão de reconhecimento de fraude à execução, revogando a constrição judicial anteriormente determinada – Insurgência – Não acolhimento – Cláusulas de inalienabilidade, incomunicabilidade e impenhorabilidade impostas em testamento – Fraude à execução não caracterizada – Cláusulas impostas em momento anterior

> à execução – Agravante que deve provar a ocorrência de eventual fraude contra credores por meio de ação própria – Decisão mantida – Recurso não provido". (TJSP, Agravo de Instrumento n. 2196436-63.2021.8.26.0000, Rel. Moreira Viegas, 5ª Câmara de Direito Privado; Foro de Jaú – 4ª Vara Cível; data do julgamento: 23/09/2021; data de registro: 23/09/2021)

A cláusula de impenhorabilidade também impede o bem de ser dado em garantia como penhor, hipoteca, anticrese[26] e alienação fiduciária, pois a destinação de tais direitos reais é justamente, no caso de inadimplemento, poder ensejar eventualmente penhora e satisfação do credor.

Não vinga a alegação de alguns de que a cláusula de impenhorabilidade seria imoral ou uma forma de fraude contra credores. Isso porque o titular de um crédito não pode contar com patrimônio futuro do beneficiário que pertence a outrem (a princípio doador ou testador), como bem coloca *Carlos Maximiliano*: "Deveriam tomar por base do crédito as possibilidades pessoais e os bens desembaraçados do contratante; não as heranças futuras, e, muito menos, os favores voluntários e revogáveis".[27]

2.4.3 Cláusula de inalienabilidade

A cláusula de inalienabilidade pode ser conceituada como a cláusula geral restritiva de propriedade que impede a alienação de determinado bem. Ela limita o direito de disposição do bem (*jus abutendi*).

A inalienabilidade veda qualquer ato de alienação direto (permuta, dação em pagamento, venda, doação, transação) ou que possa resultar em alienação (penhor, hipoteca, anticrese e alienação fiduciária).

---

[26] Art. 1.420 do Código Civil: "Só aquele que pode alienar poderá empenhar, hipotecar ou dar em anticrese; só os bens que se podem alienar poderão ser dados em penhor, anticrese ou hipoteca".

[27] MAXIMILIANO, Carlos. *Direito das sucessões*. Rio de Janeiro: Livraria Freitas Bastos, 1958. p. 173.

Impede tanto a alienação onerosa como a gratuita.

A inalienabilidade pode ser absoluta ou relativa.

Será absoluta se incidir sobre todos os bens deixados pelo testador e oponível a qualquer pessoa.

A inalienabilidade será relativa se incidir apenas sobre algum ou alguns dos bens deixados pelo testador e/ou se for oponível apenas a alguma ou algumas pessoas.

Pode ainda a inalienabilidade ser classificada como vitalícia, temporária ou perpétua.

A inalienabilidade perpétua fica gravada no bem indefinidamente ou em período superior à vitaliciedade do beneficiário do bem gravado. Esse tipo de inalienabilidade não é admitido no ordenamento jurídico brasileiro.

Já a inalienabilidade vitalícia perdura até o falecimento do beneficiário do bem gravado com a cláusula de inalienabilidade.

E a inalienabilidade temporária se dá em período determinado inferior ao vitalício.

O silêncio na cláusula de inalienabilidade quanto ao limite temporal presume ser tal cláusula vitalícia, por ser o uso temporal típico das cláusulas restritivas.

2.5 ASPECTOS POLÊMICOS

Pululam na jurisprudência e na doutrina questões controvertidas envolvendo as cláusulas de incomunicabilidade, impenhorabilidade e inalienabilidade.

Abordemos algumas delas.

2.5.1 Momento de imposição das cláusulas restritivas de propriedade

O momento para a imposição das cláusulas adjetas restritivas de propriedade (e eventual justa causa, quando exigida) é no próprio ato e quando da realização do negócio jurídico principal (testamento, doação ou contrato oneroso).

Ademar Fioranelli lembra que

> "a [...] imposição de cláusula restritiva deve ocorrer no próprio ato da liberalidade (doação ou testamento) e nunca posteriormente. Esse entendimento é perfeito e correto, já que, além de preservar o aspecto moral da questão, está alicerçado em princípios de direito e consubstanciado no conjunto de normas vigentes".[28]

Não é válida retificação, aditivo ou complementação para incluir tais cláusulas restritivas.

Se, eventualmente, o instituidor das cláusulas restritivas tiver esquecido de fazer a inclusão ou a justa causa destas, imprescindível será a revogação do testamento, da doação ou contrato, bem como a realização de outro negócio, agora com a instituição contemporânea das cláusulas restritivas.

2.5.2 Incidência das cláusulas de incomunicabilidade, impenhorabilidade e inalienabilidade sobre parte disponível

O art. 1.848 do Código Civil dispõe que, "salvo se houver justa causa, declarada no testamento, não pode o testador estabelecer cláusula de inalienabilidade, impenhorabilidade e de incomunicabilidade, sobre os bens da legítima".

Da redação do dispositivo legal *supra* resta patente a possibilidade de se estabelecer em testamento cláusula de inalienabilidade, impenhorabilidade e incomunicabilidade sobre a legítima, desde que haja justa causa.

Importante fazer um aparte para constar que sobre a possibilidade de gravar de inalienabilidade a legítima existe crítica feroz de doutrinadores do escol de *Orlando Gomes* defendendo ser insustentável. Tais autores entendem que a herança deve ser transmitida

[28] FIORANELLI, Ademar. *Das cláusulas de inalienabilidade, impenhorabilidade e incomunicabilidade*. São Paulo: Saraiva, 2012. p. 29.

sem ônus, por haver outros meios de preservação de herdeiros e por não raro se transformar em estorvo, prejudicando ao invés de beneficiar.[29]

Segundo dá conta *Carlos Alberto Dabus Maluf*, os críticos das cláusulas restritivas da propriedade alegam objeções práticas, econômicas e constitucionais.[30] As objeções práticas são:

a) a renovação indefinida das proibições temporárias enseja proibições perpétuas;
b) são inúteis, pois os interesses protegidos ou a proteger são mínimos, satisfeitos mediante outros processos ou ilegítimos; as objeções econômicas decorrentes do princípio da livre-iniciativa, principalmente por colocar fora do comércio; as objeções, por sua vez, referem-se a afronta à liberdade de trabalho, afronta à legítima, à liberdade e igualdade e ao direito de propriedade.[31]

Apesar da envergadura da tese e de quem a defende, não é entendimento que predomina atualmente e nem há (pelo que se tem notícia) qualquer decisão de tribunal superior declarando a inconstitucionalidade de tal previsão insculpida no art. 1.848 do Código Civil.

Além de não ter sido declarada sua inconstitucionalidade por tribunais superiores, entendemos não haver inconstitucionalidade alguma. Se o testador ou doador pode alienar todo o bem, não teria problema algum em limitar a propriedade. Pode o donatário ou beneficiário do bem renunciar e não o receber. Não é obrigado a aceitá-lo.

---

29 GOMES, Orlando. *Sucessões*. Atualizador Mario Roberto Carvalho de Faria. Rio de Janeiro: Forense, 2019. *E-book*.

30 MALUF, Carlos Alberto Dabus. *Das cláusulas de inalienabilidade, incomunicabilidade e impenhorabilidade*, 2018, cit., p. 34-36.

31 MALUF, Carlos Alberto Dabus. *Das cláusulas de inalienabilidade, incomunicabilidade e impenhorabilidade*, 2018, cit., p. 34-38.

Salienta-se que o direito de herança previsto no art. 5º, XXX, da Constituição Federal não impede sua regulamentação e limitação, desde que não atinja seu núcleo essencial. É equivocado entender que o direito de herança é intangível. Intangível é o seu núcleo essencial, como o é de todo direito fundamental, como apontamos em outra oportunidade:

> "[...] estes direitos são considerados cláusulas pétreas e não podem ser suprimidos ou terem seu núcleo essencial minorado, ainda que por emenda constitucional, conforme previsão do art. 60, § 4º da Constituição Federal: 'não será objeto de deliberação a proposta de emenda tendente a abolir: [...] IV – os direitos e garantias individuais'. Isto não induz a acreditar que não possa o legislador alterar a configuração dos direitos fundamentais. O que resta vedado é tão somente extirpar o direito fundamental da Constituição ou alterar a configuração de forma a reduzir seu núcleo essencial (aquele espaço que uma vez retirado, desnaturaria tal direito)".[32]

Ao se permitir clausular a legítima com inalienabilidade, incomunicabilidade ou impenhorabilidade, não se afeta o núcleo essencial do direito de herança.

Outrossim, as cláusulas de inalienabilidade, incomunicabilidade ou impenhorabilidade são, *a priori*, instrumentos de proteção e não de malefício. E a intenção na maioria das vezes é proteger os beneficiários deles próprios. Protegê-los de eventualmente alienarem bem que lhes faça falta no futuro ou que pudesse resguardar sua subsistência. Ou também, por exemplo, de se desfazerem, em momento temporário de dificuldades, de imóvel que se quisesse manter no seio da família. Ou de perderem bem por cônjuge ou convivente que apenas visasse atentar contra o patrimônio da família. Ou ainda de perderem seus bens por má gestão ou dívidas etc.

---

[32] TEIXEIRA, Wendel de Brito Lemos. *A prova ilícita no processo civil.* Belo Horizonte: Del Rey, 2014. p. 116.

Carlos Alberto Dabus Maluf corrobora tal ponto de vista:

> "Quando alguma pessoa recebe uma herança, talvez não saiba valorizá-la condignamente e, muitas vezes, um patrimônio que levou 50 anos para ser solidificado é destruído em 5 meses! É por isso que defendemos as cláusulas restritivas".[33]

A instituição de cláusulas restritivas de propriedade também se funda em direitos fundamentais (direito fundamental de liberdade e propriedade – art. 5º, *caput*, da Constituição Federal).

Ninguém melhor do que o doador ou testador para saber o que será melhor para seus beneficiários em relação aos bens que doa ou testa.

Nunca se teve conhecimento de uma cláusula restritiva de testamento ou doação que fosse instituída para prejudicar os beneficiários. A boa-fé também se presume, sendo desarrazoável acreditar que alguém instituirá restrição de propriedade em um bem que está doando ou deixando por testamento para prejudicar o beneficiário.

O fato de em determinadas situações poder desaparecer a finalidade para que foi criada a cláusula restritiva de propriedade e trazer prejuízo para o beneficiário não tira sua importância. Mesmo porque há mecanismos de sub-rogação e flexibilização em situações como essa nas quais a cláusula de inalienabilidade, incomunicabilidade ou impenhorabilidade deixa de proteger e apenas prejudica ou quando o cancelamento ou sub-rogação traz maiores benefícios para os proprietários do bem.

Por isso, entendemos acertada a previsão legislativa constante do Código Civil ao dispor sobre a possibilidade de o testador ou doador ou contratante gravar com inalienabilidade, incomunicabilidade ou impenhorabilidade os bens deixados ou doados e a permissibilidade – a princípio – para inalienabilidade em contratos onerosos.

33 MALUF, Carlos Alberto Dabus. *Das cláusulas de inalienabilidade, incomunicabilidade e impenhorabilidade*, cit., 2018, p. 14.

Uma vez deixando claro que é constitucional estabelecer cláusula restritiva de propriedade sobre a legítima (parte indisponível), questiona-se se é possível estabelecer as mesmas cláusulas sobre a parte disponível.

A nosso ver, é possível, sim.

Primeiro porque não há qualquer previsão legal proibindo a incidência de cláusula de inalienabilidade, incomunicabilidade e impenhorabilidade sobre a parte disponível.

Ademais, o fato de o art. 1.848 do Código Civil apenas mencionar a possibilidade de se instituírem cláusulas restritivas de propriedade sobre a legítima não proíbe seja clausulada a parte disponível.

Tanto é verdade que a previsão legal que permite o estabelecimento de cláusula restritiva de propriedade sobre a parte disponível não se estriba no art. 1.848 do Código Civil (constante do Título II, Capítulo II - dos herdeiros necessários da sucessão legítima) e sim no art. 1.911 do mesmo Código (constante do Título III, Capítulo VI - das disposições testamentárias).

O art. 1.911 do Código Civil estabelece que:

> "A cláusula de inalienabilidade, imposta aos bens por ato de liberalidade, implica impenhorabilidade e incomunicabilidade.
>
> Parágrafo único. No caso de desapropriação de bens clausulados, ou de sua alienação, por conveniência econômica do donatário ou do herdeiro, mediante autorização judicial, o produto da venda converter-se-á em outros bens, sobre os quais incidirão as restrições apostas aos primeiros".

Do bojo do art. 1.911 depreende-se a possibilidade de imposição de cláusula de inalienabilidade, incomunicabilidade e impenhorabilidade em doações ou testamentos. Enquanto o art. 1.848 trata do estabelecimento de incidência das mesmas cláusulas sobre a legítima por meio de testamento, o art. 1.911 do mesmo Código dispõe sobre o estabelecimento da inalienabilidade da parte disponível e de doações.

O que leva alguém a gravar por testamento a legítima com uma cláusula restritiva é a intenção do testador de preservar os bens que está deixando para seus sucessores, bem como proteger os próprios sucessores de atos seus ou de terceiros que possam levar à perda ou divisão do bem com os respectivos consortes.

Além de existir permissão legal para gravar a parte disponível com cláusula de inalienabilidade, incomunicabilidade e impenhorabilidade, não há razão para se admitir a incidência de tal gravame sobre a legítima e não se admitir sobre a parte disponível ou legado. O que pode levar alguém a querer proteger a legítima pode também levá-lo a proteger a parte disponível, mesmo porque, muitas vezes, os beneficiários são os mesmos (herdeiros necessários).

Portanto, entendemos que as cláusulas restritivas podem incidir sobre a parte disponível da herança.

2.5.3 Justa causa para a instituição de cláusulas restritivas de propriedade na legítima da herança

Na temática de questões controvertidas sobre as cláusulas de inalienabilidade, incomunicabilidade e impenhorabilidade, uma das principais polêmicas envolve a exigência de justa causa para clausular a legítima.

Como mencionado, o art. 1.848 do Código Civil dispõe que, "salvo se houver justa causa, declarada no testamento, não pode o testador estabelecer cláusula de inalienabilidade, impenhorabilidade e de incomunicabilidade, sobre os bens da legítima".

A exigência de justa causa para as cláusulas restritivas de propriedade foi o resgate de uma imposição existente no Brasil anteriormente ao Código Civil de 1916.

Como bem coloca *Mario Roberto Carvalho de Faria*, "justa causa, em nosso entendimento, é o motivo verdadeiro, razoável e suficiente, alegado pelo testador, que justifique a restrição imposta".[34]

[34] FARIA, Mario Roberto Carvalho de. *Direito das sucessões*: teoria e prática. Rio de Janeiro: Forense, 2018. p. 236.

A nosso ver foi um equívoco do legislador exigir a justa causa para a incidência de cláusulas restritivas sobre a legítima.

Primeiro pela alta subjetividade ao se entender o que pode ser justa causa, deixando muito mais ao arbítrio do julgador do que à vontade do testador, doador ou contratante.

Em segundo lugar porque o controle judicial da justiça da causa é dificílimo de ser realizado pelo Judiciário, podendo haver grande variedade de entendimentos sobre a mesma situação, a gerar verdadeira insegurança jurídica.

Também pode ser que o testador se sinta constrangido ou prefira não externar o motivo gerador da necessidade de inclusão de cláusula restritiva, como a não confiança no cônjuge ou convivente de determinado filho ou filha. E, ao se obrigar a externar a justa causa, pode trazer constrangimentos familiares que preferira não ocorressem.

Melhor seria se permitisse gravar os bens com as cláusulas restritivas segundo a vontade do testador, sem a necessidade de precisar expressar uma justa causa como era no Código Civil de 1916.

Seria melhor porque, se nada impede que o testador disponha do bem antes de falecer ou doar, nada obsta a que coloque cláusula restritiva no caso de falecer. Tem direito o herdeiro de renunciar à herança caso não concorde com a restrição, e ainda tem o direito de sub-rogar o bem ou cancelar as restrições se comprovar certos requisitos que serão abordados mais à frente.

Valendo-nos de trocadilho, apesar de ser injusta a exigência de justa causa, ela não é inconstitucional. Não afronta qualquer norma constitucional, estando dentro dos limites legislativos.

Por conseguinte, como no art. 1.848 do Código Civil consta a exigência da justa causa, não se pode ignorar a redação do dispositivo legal, devendo ser atendido tal requisito.

Destarte, não basta que haja uma causa; ela tem que ser justa.

A justa causa deve ser verificada no caso concreto. Podem ser exemplos de justa causa, entre vários outros, o fato de o herdeiro ser incapaz, pródigo, ter contra si processo, ser viciado em jogo, dependente químico, impúbere, não ter capacidade de gestão, não desejar que o patrimônio seja partilhado com o cônjuge ou convivente do herdeiro, desejar preservar o patrimônio perante a família ou determinadas pessoas, não confiar no cônjuge ou convivente do sucessor do testador, ou não gostar dele.

Gustavo Tepedino, Ana Luiz Maia Nevares e *Rose Melo Vencelau Meireles* ensinam que causas genéricas (meramente subjetivas) não são consideradas justas:

> "Verifica-se na jurisprudência decisões que afastam a inalienabilidade quando presentes causas consideradas genéricas, meramente subjetivas, que não se refiram a singularidades do herdeiro ou fatos em concreto que justifiquem o gravame, como aquelas que se referem genericamente à 'proteção do herdeiro' ou 'à garantia quanto a incertezas futuras e má administração', 'para evitar que o patrimônio seja dilapidado', sem uma definição específica da motivação".[35]

As polêmicas envolvendo justa causa e cláusula de inalienabilidade, incomunicabilidade e impenhorabilidade se desdobram em várias situações: exigência ou não de justa causa para cláusula de inalienabilidade que não seja da legítima, exigência de a justa causa ser atual ou futura, nulidade ou ineficácia da cláusula em que não se considerou válida a justa causa.

Na hipótese de doação de bem público com cláusula restritiva, a justa causa já se encontra implícita ao tentar preservar o patrimônio público até que sejam cumpridos os encargos ou até tempo razoável.

2.5.4 Justa causa para a instituição de cláusulas restritivas na parte disponível da herança

O art. 1.848 do Código Civil é categórico em permitir a aplicação de cláusula de inalienabilidade, incomunicabilidade ou

[35] TEPEDINO, Gustavo *et al. Direito das sucessões.* Rio de Janeiro: Forense, 2020. p. 166. *E-book.*

impenhorabilidade sobre a legítima, desde que haja justa causa declarada no testamento.

Já do art. 1.911 se depreende a possibilidade de se gravar determinado bem de incomunicabilidade, incomunicabilidade ou impenhorabilidade por meio de testamento ou doação, mas não trata nada de justa causa.

Questiona-se, quando a cláusula de inalienabilidade incidir na parte disponível, se deveria haver declaração de justa causa como ocorre na legítima.

Acreditamos que não.

Diferentemente da hipótese da legítima, não há previsão expressa exigindo declaração de justa causa para se gravar a parte disponível com cláusulas restritivas.

A declaração de justa causa visa justificar uma cláusula restritiva, que também deve ser interpretada restritivamente. O correto é entender que a exigência de justa causa apenas se aplica quando as cláusulas restritivas incidem sobre a legítima.

De toda forma, nada obsta a que os interessados, apesar de desnecessário, promovam a declaração de justa causa para a aplicação da cláusula restritiva sobre a parte disponível.

Pelo fato de a justa causa não ser requisito de validade para a aplicação da cláusula de inalienabilidade, incomunicabilidade e impenhorabilidade sobre a parte disponível, ainda que se entenda insubsistente a justa causa, não se ensejará a nulidade da dita cláusula, como bem coloca a jurisprudência:

> "APELAÇÃO CÍVEL - SUCESSÃO - RESTRIÇÃO TESTAMENTÁRIA QUANTO À LEGÍTIMA NA VIGÊNCIA DO CÓDIGO CIVIL DE 1916 - FALECIMENTO NA VIGÊNCIA DO CÓDIGO CIVIL DE 2002 - AUSÊNCIA DE ADITAMENTO PARA DECLARAR JUSTA CAUSA NO GRAVAME DE INALIENABILIDADE, INCOMUNICABILIDADE E IMPENHORABILIDADE - APLICAÇÃO À LEGÍTIMA - EXTENSÃO AOS BENS

> DISPONÍVEIS – IMPOSSIBILIDADE. O testamento formulado sob a égide do Código Civil de 1916 exige aditamento para declarar justa causa para prevalência das restrições de inalienabilidade, impenhorabilidade e incomunicabilidade, cujo prazo de um ano fixado no art. 2.042 do Código Civil de 2002 expõe termo final e importa na redução das disposições testamentárias, cujas cláusulas de gravame sobre os bens da legítima perdem a eficácia, prevalecendo, no entanto, a disposição de última vontade em relação à parte disponível da herança, por respeito às disposições de última vontade. Não provido". (TJMG, Apelação Cível n. 1.0015.12.002095-1/001, Rel. Desembargador Judimar Biber, 3ª Câmara Cível, julgado em 26/11/2015)

Por conseguinte, entendemos que não há exigência legal de se declarar a justa causa quando a cláusula de inalienabilidade incidir na parte disponível. *Orlando Gomes* tem o mesmo entendimento.[36]

2.5.5 Análise da justa causa quando da elaboração do testamento ou quando do óbito do testador

Uma vez apontada a necessidade de declaração de justa causa, debate-se se esta deve ser analisada à época da elaboração do testamento ou quando do óbito do herdeiro.

A nosso ver, a justa causa tem de ser analisada à luz da época do óbito do testador, pois não faz sentido analisá-la quando da elaboração do testamento.

Como o testamento só passa a ter eficácia após a morte, e como o lapso entre a elaboração e o óbito do testador pode ser de anos e até de décadas, é possível que, quando o testador venha a falecer, não mais subsista a justa causa implementada por ocasião da elaboração do testamento.

Nada obsta, por certo, a que a justa causa aponte motivos presentes quando da elaboração e que permaneçam no futuro, ou

[36] GOMES, Orlando. *Sucessões*, cit., p. 135.

motivos que não existam no presente, mas se encontrem por ocasião do óbito. Pode-se, por exemplo, gravar com inalienabilidade bem de testamento por desejar proteger o próprio herdeiro do risco de prodigalidade, que pode ser confirmado no futuro, ou por desejar evitar que, mesmo sendo solteiro, venha contrair união com quem deseje apenas atentar contra o patrimônio da família.

O risco que existe é que, ao se colocar justa causa que não se confirme na data do óbito, essa justa causa não se conserve. Assim, se um genitor grava com inalienabilidade bem aduzindo risco de prodigalidade do filho e, quando do óbito, esse filho está muito bem financeiramente, não prevalecerá a justa causa.

O tabelião ou responsável pelo testamento não tem poder para negar ou fazer o controle sobre as disposições de justa causa alegadas pelo testador porque, como dito, elas podem se perfectibilizar quando do óbito e, portanto, ser válidas.

2.5.6 Controle da justa causa pelo Judiciário

Como o Código Civil dispôs em seu art. 1.848 sobre a exigência de justa causa externada pelo testador para gravar a legítima dos herdeiros necessários, cabe ao Judiciário fazer o controle de validade de tal justa causa quando for instado a isso, apesar de não ser fácil, segundo mencionado alhures.

Como se deve tentar preservar a vontade do testador ao máximo, na dúvida se considerará justa a causa externada pelo testador, mantendo-se a restrição.

Apenas se invalidará a restrição clausular quando ficar patente não se tratar de justa causa.

O fato de haver testamento impondo cláusulas restritivas não impede que, após o cumprimento do testamento e mediante autorização do juízo, se realizem o inventário e a partilha extrajudicial.

A restrição clausular pode ser cancelada pelo próprio interessado mediante ação judicial quando se demonstrar que a justa causa não mais atende o motivo para o qual fora criada.

Também pode ser manejada ação por qualquer pessoa que tenha interesse processual para decretar a nulidade de cláusula restritiva de propriedade por invalidade da justa causa, ou pode ser objeto de discussão em questão incidental. Assim, um credor que deseje penhorar determinado bem que o devedor recebeu de herança com cláusula de impenhorabilidade, por exemplo, pode valer-se de ação própria ou discutir no bojo da execução a legalidade da constrição e a higidez da cláusula restritiva e da justa causa.

2.5.7 Nulidade ou ineficácia da cláusula restritiva de propriedade sobre a legítima quando não se considerou válida a justa causa

Como bem lembra Flávio Tartuce,

> "[...] questão importante do ponto de vista técnico concerne às consequências no caso de não se observar o requisito da *justa causa* nas cláusulas de impenhorabilidade, incomunicabilidade e impenhorabilidade. A ausência do motivo na restrição gera a sua nulidade ou a sua ineficácia?".[37]

Tal diferenciação tem grande importância prática, uma vez que entender haver nulidade ensejará o não aproveitamento de toda a cláusula restritiva. Será tratada como se não existisse a cláusula restritiva (como se não tivesse sido escrita) e não poderá ser utilizada para interpretar outras cláusulas do testamento. Já no caso de se entender ineficaz a cláusula restritiva, apesar de se tornarem sem efeito a restrição (inalienabilidade, incomunicabilidade ou impenhorabilidade), os dizeres constantes poderão servir para interpretação do negócio jurídico em relação a outras cláusulas. A motivação da justa causa não servirá para dar eficácia à manutenção da restrição, mas poderá servir para interpretar outras situações do testamento.

---

[37] TARTUCE, Flávio. *Direito civil*: direito das sucessões. Rio de Janeiro: Forense, 2000. p. 491. *E-book*.

Entendemos que a ausência de menção a uma justa causa ou a apresentação de causa que não seja considerada justa pelo Judiciário é motivo de nulidade e não ineficácia.

Primeiro porque o art. 1.848 do Código Civil não dispõe que seja razão de anulabilidade, mencionando apenas que não se pode estabelecer cláusula restritiva de propriedade sem justa causa. E o art. 171 do mesmo Código[38] coloca como causas de anulação dos negócios jurídicos (e por consequência de suas cláusulas) a incapacidade relativa do agente, vícios resultantes de erro, dolo, coação, estado de perigo, lesão ou fraude contra credores e quando declarados pela lei. Para que fosse anulável (ineficaz) uma cláusula restritiva de propriedade por insubsistência da justa causa, deveria constar expressamente da lei tal situação.

Segundo porque o art. 166 do Código Civil[39] tacha como nulo o negócio jurídico (ou suas cláusulas), dentre outras coisas, que não revestir a forma prescrita em lei e quando a lei lhe proibir a prática sem cominar sanção, o que é exatamente a hipótese da cláusula restritiva de propriedade sobre a legítima sem justa causa. Há previsão no art. 1.848 do Código Civil de proibição de prática (cláusula restritiva de propriedade sobre a legítima ausente de justa causa) sem cominar sanção.

Assim, entendemos que, uma vez inexistindo justa causa ou se a causa não for considerada justa para validar a cláusula restritiva de propriedade, haverá a nulidade da cláusula restritiva e esta

---

[38] Art. 171. Além dos casos expressamente declarados na lei, é anulável o negócio jurídico: I – por incapacidade relativa do agente; II – por vício resultante de erro, dolo, coação, estado de perigo, lesão ou fraude contra credores.

[39] Art. 166. É nulo o negócio jurídico quando: I – celebrado por pessoa absolutamente incapaz; II – for ilícito, impossível ou indeterminável o seu objeto; III – o motivo determinante, comum a ambas as partes, for ilícito; IV – não revestir a forma prescrita em lei; V – for preterida alguma solenidade que a lei considere essencial para a sua validade; VI – tiver por objetivo fraudar lei imperativa; VII – a lei taxativamente o declarar nulo, ou proibir-lhe a prática, sem cominar sanção.

será considerada inexistente, não podendo gerar efeitos o que lá consta escrito.

A princípio, a nulidade por ausência da justa causa se limita à cláusula restritiva de inalienabilidade, incomunicabilidade e impenhorabilidade e às cláusulas que sejam consequência lógica daquela, não trazendo qualquer nulidade ao restante do testamento, conforme prevê o art. 184 do Código Civil:

> "Respeitada a intenção das partes, a invalidade parcial de um negócio jurídico não o prejudicará na parte válida, se esta for separável; a invalidade da obrigação principal implica a das obrigações acessórias, mas a destas não induz a da obrigação principal".

Somente haverá a nulidade do testamento pela ausência de justa causa de cláusula restritiva se todas as disposições testamentárias apenas importassem se subsistisse a referida cláusula restritiva, conforme se depreende do art. 1.910 do Código Civil: "A ineficácia de uma disposição testamentária importa a das outras que, sem aquela, não teriam sido determinadas pelo testador".

Por força do art. 168 do Código Civil[40], qualquer interessado e o Ministério Público (quando lhe couber intervir) podem pleitear a nulidade da cláusula sem justa causa.

2.5.8 Ausência de justa causa dos testamentos elaborados anteriormente ao Código Civil de 2002

Tendo em vista que o Código Civil de 2002 passou a exigir a declaração de justa causa para a validade de cláusulas restritivas de propriedade, que não existia no Código de 1916, o legislador, para tentar solucionar o impasse dos testamentos que haviam sido realizados antes do advento do atual Código Civil, incluiu o art. 2.042, com a seguinte redação:

---

[40] Art. 168. As nulidades dos artigos antecedentes podem ser alegadas por qualquer interessado, ou pelo Ministério Público, quando lhe couber intervir.

> "Art. 2.042. Aplica-se o disposto no *caput* do art. 1.848, quando aberta a sucessão no prazo de um ano após a entrada em vigor deste Código, ainda que o testamento tenha sido feito na vigência do anterior, Lei n. 3.071, de 1° de janeiro de 1916; se, no prazo, o testador não aditar o testamento para declarar a justa causa de cláusula aposta à legítima, não subsistirá a restrição".

O melhor e mais simples seria se o Código Civil de 2002 tivesse aplicado a exigência da justa causa apenas aos testamentos, doações e contratos onerosos elaborados após sua vigência.

Como o legislador não decidiu assim, optando por caminho mais tortuoso, importante analisar a sua constitucionalidade, pois para alguns o art. 2.042 é inconstitucional por afrontar o ato jurídico perfeito e o direito adquirido.

Segundo dito, num primeiro momento se pode acreditar haver inconstitucionalidade nesse dispositivo do Código Civil por afrontar direito adquirido e ato jurídico perfeito.

Ousamos divergir de tal posicionamento.

Como é notório, o Código Civil de 2002 foi promulgado décadas após o advento do Código de 1916, em época na qual a sociedade e o mundo eram bem diferentes daqueles existentes no período do Código Beviláqua.

Natural que houvesse alterações significativas, como a redução de prazos prescricionais. Não mais se justificavam prazos prescricionais de 20 anos diante de uma sociedade globalizada e em época de democracia da informação.

Assim, imprescindível que se reduzissem os prazos prescricionais e se promovessem outras alterações compatíveis com a sociedade atual.

Para não ignorar o direito adquirido e o ato jurídico perfeito diante da aprovação de novo regime jurídico previsto no Código Civil de 2002, o legislador criou mecanismos alternativos e razoáveis.

Um desses mecanismos foi a manutenção da situação jurídica regrada pelo Código Civil revogado.

Outra medida foi colocar regras de transição para adaptar atos jurídicos realizados sob a égide do Código Civil revogado ao novo regime jurídico civil.

A inclusão de regras de transição em um novo Código Civil não afronta ato jurídico perfeito e direito adquirido porque não há direito adquirido a regime jurídico. E um novo Código Civil é um novo regime jurídico civil. A jurisprudência do STF é esclarecedora:

> "CONSTITUCIONAL. MEMBRO DO MINISTÉRIO PÚBLICO. QUINTOS. INCORPORAÇÃO. NOMEAÇÃO NA MAGISTRATURA. VANTAGEM NÃO PREVISTA NO NOVO REGIME JURÍDICO (LOMAN). INOVAÇÃO DE DIREITO ADQUIRIDO. INEXISTÊNCIA. 1. O Supremo Tribunal Federal já pacificou entendimento de que descabe alegar direito adquirido a regime jurídico. Precedentes. 2. Preservação dos valores já recebidos em respeito ao princípio da boa-fé. Precedentes. 3. Agravo regimental parcialmente provido". (STF, Agravo de Instrumento n. 410946 AgR, Rel. Ministra Ellen Gracie, Tribunal Pleno, julgado em 17/03/2010, DJe-81, divulg. 06/05/2010, public. 07/05/2010)

Ademais, a previsão de regra de transição razoável atende à segurança jurídica e não afronta o ato jurídico perfeito e o direito adquirido, uma vez que respeita a proporcionalidade. O STF possui arestos nesta trilha:

> "DIREITO CONSTITUCIONAL E ADMINISTRATIVO. NOVO MARCO REGULATÓRIO DA TELEVISÃO POR ASSINATURA (LEI N. 12.485/2011). SERVIÇO DE ACESSO CONDICIONADO (SeAC). [...] GARANTIA DE EFICÁCIA DAS NORMAS JURÍDICAS. CONSTITUCIONALIDADE DO REGIME DE TRANSIÇÃO (Art. 37, §§ 1º, 5º, 6º, 7º e 11). INEXISTÊNCIA DE DIREITO ADQUIRIDO A REGIME JURÍDICO. ACOMODAÇÃO

OTIMIZADA ENTRE SEGURANÇA E MODERNIZAÇÃO. INAPLICABILIDADE À ESPÉCIE DA GARANTIA DO EQUILÍBRIO FINANCEIRO DO CONTRATO ADMINISTRATIVO. SETOR ECONÔMICO DOTADO DE LIBERDADE DE PREÇOS. [...] 21. A existência de um regime jurídico de transição justo, ainda que que consubstancie garantia individual diretamente emanada do princípio constitucional da segurança jurídica e da proteção da confiança legítima (CRFB, art. 5º, XXXVI), não impede a redefinição e a atualização dos marcos regulatórios setoriais, tão caras à boa ordenação da vida em sociedade. [...] 24. Conclusão. Relativamente à ADI 4679, julgo o pedido procedente em parte, apenas para declarar a inconstitucionalidade material do art. 25 da Lei n. 12.485/2011; relativamente às ADI 4747, 4756 e 4923, julgo os pedidos improcedentes". (STF, ADI 4.923, Rel. Ministro Luiz Fux, Tribunal Pleno, julgado em 08/11/2017, processo eletrônico DJe-064, divulg. 04/04/2018, public. 05/04/2018)

"DIREITO CONSTITUCIONAL, CIVIL E ADMINISTRATIVO. GESTÃO COLETIVA DE DIREITOS AUTORAIS. LEI N. 12.583/2013. NOVO MARCO REGULATÓRIO SETORIAL. ARGUIÇÃO DE VIOLAÇÕES FORMAIS E MATERIAIS À CONSTITUIÇÃO DA REPÚBLICA FEDERATIVA DO BRASIL. NÃO OCORRÊNCIA. ESCOLHAS REGULATÓRIAS TRANSPARENTES E CONSISTENTES. MARGEM DE CONFORMAÇÃO LEGISLATIVA RESPEITADA. DEFERÊNCIA JUDICIAL. PEDIDO CONHECIDO E JULGADO IMPROCEDENTE. 1. [...] 14. Sob o prisma da máxima *tempus regit actum*, as associações arrecadadoras já existentes devem conformar-se à legislação em vigor, sujeitando-se às alterações supervenientes à sua criação, dado que (i) as regras de transição são justas e (ii) não existe direito adquirido a regime jurídico na ordem constitucional brasileira. 15. [...] Pedido conhecido e julgado improcedente". (STF, ADI 5.062, Rel. Ministro Luiz Fux, Tribunal Pleno, julgado em 27/10/2016)

Tais entendimentos são aplicados ao art. 2.042 do Código Civil por ser originário de novo regime jurídico civil e por prever regra de transição razoável (um ano após a vigência do novo Código para "aditar" o testamento a fim de que inclua a justa causa para restrição de propriedade a legítima), sendo tal artigo constitucional.

O fato de o art. 2.042 do Código Civil ser constitucional e válido não quer dizer que em situações excepcionais não possa ser mantida a validade de cláusula restritiva de testamento feita sob a égide do Código revogado e na qual não houve o "aditamento".

Cite-se, por exemplo, alguém que fez o testamento sob a égide do Código Civil de 1916 gravando de inalienabilidade os bens deixados à legítima de seus filhos e que por um problema de saúde veio a ficar incapacitado, não fazendo o aditamento do testamento para constar a justa causa das cláusulas restritivas de propriedade e vindo a falecer posteriormente.

Seria uma afronta à proporcionalidade e juridicamente absurdo aplicar a letra fria da lei e julgar inválida a restrição constante da legítima que esse cidadão fez se não teve condições de aditar o testamento para fazer nele constar justa causa por força maior.

Neste exemplo específico, deve-se aplicar a proporcionalidade, e julgar válida a cláusula restritiva de propriedade, mesmo não tendo havido o aditamento do testamento para constar a justa causa.

Em outras situações em que não houve aditamento da justa causa (que na verdade é a elaboração de um novo testamento) e em que inexiste situação excepcional justificadora da não realização do aditamento, a cláusula restritiva não subsistirá. A jurisprudência pontua da mesma forma:

> "Pedido de levantamento de cláusulas de inalienabilidade, impenhorabilidade e incomunicabilidade – Hipótese de acolhimento – Testamento realizado em 1990, sem justa causa para as cláusulas restritivas – Autora que possui bens em nome do marido – Sucessão aberta em 2013, sem aditamento do testamento para acréscimo de justa causa – Não subsistência das referidas cláusulas – Inteligência do

artigo 2.042 do Código Civil – Recurso provido". (TJSP, Apelação Cível n. 1000111-92.2018.8.26.0597, Rel. Luis Mario Galbetti, 7ª Câmara de Direito Privado; Foro de Sertãozinho – 2ª Vara Cível; data do julgamento: 13/03/2019; data de registro: 13/03/2019)

2.5.9 Aditamento ou novo testamento para incluir a justa causa na hipótese de o testamento ter sido elaborado antes da vigência do Código Civil de 2002

Como o Código Civil de 2002 passou – de forma diversa do Código de 1916 – a exigir a declaração de justa causa, o art. 2.042 do novo Código dispôs que deveria haver o "aditamento" do testamento para constar a referida justa causa.[41]

Pelo fato de o dispositivo legal acima mencionar "aditamento" quando era uníssono que testamento não admitia aditamento, mas apenas novo testamento substitutivo do anterior, ficou a dúvida sobre qual a forma de se promover a justa causa de um contrato que fora originariamente feito sob a égide do Código Civil de 1916 e que possuísse alguma cláusula restritiva de inalienabilidade, incomunicabilidade e impenhorabilidade.

A nosso ver, trata-se de equívoco na redação do artigo, pois impossível promover aditamento em testamento dada sua peculiar natureza de ato único.

Testamento não admite retificação nem aditamento.

A expressão "aditamento" dá-se no sentido de novo testamento (com inclusão da justa causa).

Por conseguinte, para validar as cláusulas restritivas anteriores ao advento do Código Civil de 1916 nas quais não consta a

---

[41] Art. 2.042. Aplica-se o disposto no *caput* do art. 1.848, quando aberta a sucessão no prazo de um ano após a entrada em vigor deste Código, ainda que o testamento tenha sido feito na vigência do anterior, Lei n. 3.071, de 1º de janeiro de 1916; se, no prazo, o testador não aditar o testamento para declarar a justa causa de cláusula aposta à legítima, não subsistirá a restrição.

justa causa, necessário seja feito novo testamento com a exteriorização dos motivos da justa causa para validar a cláusula restritiva de propriedade na legítima. É como entende *Eduardo de Oliveira Leite*:

> "A regra geral que sempre dominou o direito sucessório brasileiro é no sentido de qualquer modificação em testamento só pode ocorrer através de outro. Ora, a tudo indica que o aditamento da justa causa não foge à regra, já que, para a preservação da forma do ato é fundamental a realização de outro testamento para alterar o anterior".[42]

2.5.10 Cláusula de inalienabilidade e implicação das cláusulas de impenhorabilidade e incomunicabilidade

A priori, as cláusulas restritivas podem ser impostas em conjunto ou isoladamente.

O STF, no entanto, durante a época em que a matéria lhe era afeta, editou a Súmula 49 dispondo que "a cláusula de inalienabilidade inclui a incomunicabilidade dos bens".

Posteriormente, seguindo tal espírito, o Código Civil de 2002 foi mais longe e regrou que a cláusula de inalienabilidade implica impenhorabilidade e incomunicabilidade:

> "Art. 1.911. A cláusula de inalienabilidade, imposta aos bens por ato de liberalidade, implica impenhorabilidade e incomunicabilidade.
>
> Parágrafo único. No caso de desapropriação de bens clausulados, ou de sua alienação, por conveniência econômica do donatário ou do herdeiro, mediante autorização judicial, o produto da venda converter-se-á em outros bens, sobre os quais incidirão as restrições apostas aos primeiros".

---

42 LEITE, Eduardo de Oliveira. *Comentários ao Novo Código Civil.* Rio de Janeiro: Forense, 2003. v. XXI: Do direito das sucessões (arts. 1.784 a 2.027). p. 277.

Uma vez gravado o bem como inalienável, será considerado também como impenhorável e incomunicável.

A mera gravação do bem como inalienável impede, por exemplo, a partilha de determinado bem decorrente de divórcio com o cônjuge porque a inalienabilidade enseja incomunicabilidade, segundo aresto do STJ:

> "RECURSO ESPECIAL. AÇÃO DE INVENTÁRIO. DOAÇÃO. CLÁUSULA DE INALIENABILIDADE E USUFRUTO VITALÍCIO. PARTILHA. SEPARAÇÃO CONSENSUAL. IMPOSSIBILIDADE. COISA JULGADA. FUNDAMENTO NÃO ATACADO. SÚMULA N. 283/STF. 1. Discute-se a possibilidade de um bem doado com a cláusula de inalienabilidade ao cônjuge varão ser objeto de partilha com sua esposa quando da separação judicial. 2. A doutrina e jurisprudência pátrias entendem que a inalienabilidade importa, em princípio, em incomunicabilidade, porque o bem não pode ser transferido de propriedade. 3. É nula de pleno direito a cláusula que estipula a partilha de imóvel doado com cláusula de inalienabilidade no acordo de separação judicial, haja vista pender sobre este também a restrição da incomunicabilidade. Incidência da Súmula n. 49/STF. 4. Não há como ser apreciada a alegação de afronta à coisa julgada, visto que os fundamentos utilizados pelo Tribunal de origem não foram atacados nas razões recursais. Incidência, por analogia, da Súmula n. 283/STF. 5. Recurso especial não provido". (STJ, REsp 1529548/MG, Rel. Ministro Ricardo Villas Bôas Cueva, 3ª Turma, julgado em 24/11/2015, DJe 02/12/2015)

Já se for gravado o bem como impenhorável e/ou incomunicável, tal medida não implica sua inalienabilidade. Será o bem incomunicável e/ou impenhorável sem ser inalienável. O STJ possui decisão com tal entendimento:

> "RECURSO ESPECIAL - AÇÃO DE CANCELAMENTO DE GRAVAMES - PROCEDIMENTO ESPECIAL DE JURISDIÇÃO VOLUNTÁRIA - IMPENHORABILIDADE

> E INCOMUNICABILIDADE - DOAÇÃO - MORTE DO DOADOR - RESTRIÇÃO DO DIREITO DE PROPRIEDADE - INTERPRETAÇÃO DO *CAPUT* DO ARTIGO 1.911 DO CÓDIGO CIVIL DE 2002. INSURGÊNCIA DA AUTORA. *Quaestio Iuris*: Cinge-se a controvérsia em definir a interpretação jurídica a ser dada ao *caput* do art. 1.911 do Código Civil de 2002 diante da nítida limitação ao pleno direito de propriedade, para definir se a aposição da cláusula de impenhorabilidade e/ou incomunicabilidade em ato de liberalidade importa automaticamente, ou não, na cláusula de inalienabilidade. 1. A exegese do *caput* do art. 1.911 do Código Civil de 2002 conduz ao entendimento de que: a) há possibilidade de imposição autônoma das cláusulas de inalienabilidade, impenhorabilidade e incomunicabilidade, a critério do doador/instituidor; b) uma vez aposto o gravame da inalienabilidade, pressupõe-se, *ex vi lege*, automaticamente, a impenhorabilidade e a incomunicabilidade; c) a inserção exclusiva da proibição de não penhorar e/ou não comunicar não gera a presunção do ônus da inalienabilidade; e d) a instituição autônoma da impenhorabilidade, por si só, não pressupõe a incomunicabilidade e vice-versa. 2. Caso concreto: deve ser acolhida a pretensão recursal veiculada no apelo extremo para, julgando procedente o pedido inicial, autorizar o cancelamento dos gravames, considerando que não há que se falar em inalienabilidade do imóvel gravado exclusivamente com as cláusulas de impenhorabilidade e incomunicabilidade. 3. Recurso especial provido". (STJ, REsp 1155547/MG, Rel. Ministro Marco Buzzi, 4ª Turma, julgado em 06/11/2018, DJe 09/11/2018)[43]

Gustavo Tepedino, *Heloisa Helena Barbosa* e *Maria Celina Bodin de Moraes* abordam interessante questão: se é possível ao testador ou doador mencionar que o bem é inalienável, mas comunicável. Entendem os professores (com o que concordamos) que, apesar de

[43] No mesmo sentido: STJ, REsp 226.142/MG, Rel. Ministro Barros Monteiro, 4ª Turma, julgado em 02/03/2000, DJ 29/05/2000.

a inalienabilidade, via de regra, implicar a incomunicabilidade, tal presunção pode ser afastada se houver previsão expressa de que haverá a comunicabilidade do bem testado.[44]

No que se refere à cláusula de impenhorabilidade, uma vez instituída a cláusula de inalienabilidade, não se pode fazer constar que haverá penhorabilidade do bem, pois, por força do art. 833, I, do Código de Processo Civil (Lei n. 13.105, de 2015), são considerados impenhoráveis os bens inalienáveis. A inalienabilidade necessariamente acarreta a impenhorabilidade.

Se alguém receber um bem com cláusula de incomunicabilidade e impenhorabilidade sem previsão de cláusula de inalienabilidade, pode aliená-lo livremente, e a transferência da propriedade acarretará a baixa automática das ditas cláusulas, uma vez que o proprietário do bem não está impedido de vendê-lo.

A baixa das cláusulas de incomunicabilidade e impenhorabilidade será cancelada pelo tabelião quando da transferência da propriedade do imóvel clausulado ou mediante requerimento do interessado, sendo desnecessário o ajuizamento de ação judicial para tanto. O TJMG possui decisão com o mesmo teor:

> "APELAÇÃO CÍVEL - PROCEDIMENTO DE DÚVIDA - DOAÇÃO COM CLÁUSULAS DE INCOMUNICABILIDADE E IMPENHORABILIDADE - ALIENAÇÃO DO IMÓVEL PELO DONATÁRIO - POSSIBILIDADE - CANCELAMENTO JUDICIAL DAS CLÁUSULAS PARA REGISTRO DA ESCRITURA DE COMPRA E VENDA - DESNECESSIDADE - SENTENÇA REFORMADA - DÚVIDA IMPROCEDENTE - RECURSO PROVIDO. 1. As cláusulas de incomunicabilidade e impenhorabilidade não implicam na inalienabilidade do imóvel, sendo incabível exigir, para o registro da escritura de compra e venda, o prévio cancelamento judicial das restrições impostas quando da celebração da doação. 2. Sentença reformada.

44 TEPEDINO, Gustavo *et al. Código Civil interpretado conforme a Constituição da República*, cit., p. 748.

> 3. Dúvida suscitada improcedente". (TJMG, Apelação Cível n. 1.0000.17.050843-6/001, Rel. Desembargador Raimundo Messias Júnior, 2ª Câmara Cível, julgado em 20/11/2018)

2.5.11 Limitação de duração das cláusulas restritivas

Questiona-se qual a duração máxima da cláusula de inalienabilidade, incomunicabilidade e impenhorabilidade.

As cláusulas restritivas, quanto à duração, podem ser temporárias, vitalícias ou perpétuas.

As cláusulas restritivas perpétuas são as que ficam indefinidamente gravadas no bem, sem termo final.

Vitalícias são as cláusulas restritivas que perduram até o óbito do beneficiário do bem.

Já as cláusulas restritivas temporárias possuem termo determinado menor do que o vitalício.

No sistema brasileiro não se admitem cláusulas restritivas de propriedade perpétuas, que ultrapassem o período de vida do beneficiário do bem ou passem para outra geração depois que o benificiário imediato falecer.

O prazo máximo da duração das cláusulas restritivas é durante a vida do testador, ou seja, o máximo da duração é vitalícia.

Não se pode admitir cláusula restritiva superior ao período de vida do beneficiário. Muito menos se admite cláusula que ficaria eternamente gravada sobre determinado bem (de forma perpétua). O STJ possui o mesmo entendimento:

> "RECURSO ESPECIAL. CIVIL. AÇÃO ANULATÓRIA DE TESTAMENTO. NEGATIVA DE PRESTAÇÃO JURISDICIONAL. NÃO OCORRÊNCIA. CLÁUSULA DE INALIENABILIDADE, INCOMUNICABILIDADE E IMPENHORABILIDADE. VIGÊNCIA DA RESTRIÇÃO. VIDA DO BENEFICIÁRIO. ATO DE DISPOSIÇÃO DE ÚLTIMA VONTADE. VALIDADE. RECURSO PROVIDO. 1. Inexiste afronta ao art. 535 do CPC/1973 quando a

> Corte local pronuncia, de forma clara e suficiente, sobre as questões deduzidas nos autos, manifestando-se sobre todos os argumentos que, em tese, poderiam infirmar a conclusão adotada pelo Juízo. 2. Conforme a doutrina e a jurisprudência do STJ, a cláusula de inalienabilidade vitalícia tem duração limitada à vida do beneficiário - herdeiro, legatário ou donatário –, não se admitindo o gravame perpétuo, transmitido sucessivamente por direito hereditário. 3. Assim, as cláusulas de inalienabilidade, incomunicabilidade e impenhorabilidade não tornam nulo o testamento que dispõe sobre transmissão *causa mortis* de bem gravado, haja vista que o ato de disposição somente produz efeitos após a morte do testador, quando então ocorrerá a transmissão da propriedade. 4. Recurso especial provido para julgar improcedente a ação de nulidade de testamento". (REsp 1641549/RJ, Rel. Ministro Antonio Carlos Ferreira, 4ª Turma, julgado em 13/08/2019, DJe 20/08/2019)

Ainda que se coloque a duração de cláusula restritiva por determinado lapso temporal, essa duração estará limitada ao óbito do herdeiro ou beneficiário do bem gravado.

Dessa forma, se o testador tiver gravado com inalienabilidade por 30 anos um imóvel rural para seu filho e o filho vier a falecer antes de tal prazo, o óbito fará extinguir a cláusula de inalienabilidade, passando livre e desembaraçado para seus herdeiros. Nas palavras de *Agostinho Alvim*, "a morte abrevia o têrmo".[45]

Nada obsta a que a limitação da validade da cláusula de inalienabilidade, incomunicabilidade e impenhorabilidade seja até o alcance de determinada condição ou termo (até concluir curso superior, até contrair matrimônio, até o nascimento de um filho[46], até a maioridade de um filho etc.), desde que não ultrapasse a data de eventual falecimento do sucessor ou donatário.

Apesar de se admitir a limitação da validade da cláusula restritiva de propriedade até se alcançar determinada condição ou termo,

---

45 ALVIM, AGOSTINHO. *Da doação*. São Paulo: Saraiva, 1972. p. 252.

46 TARTUCE, Flávio. *Direito civil*, cit., p. 491.

é inválida quando impõe a terceiro decidir quando se dá tal condição ou termo, como bem coloca *Sílvio de Salvo Venosa*:

> "Não se pode, também, deixar a cargo de terceiro decidir acerca do implemento de uma condição, ou do termo. Entendemos ser inválida a condição de o cônjuge sobrevivente, por exemplo, decidir quando os filhos herdeiros têm necessidade de levantar o vínculo. Insere-se uma outra vontade na vontade testamentária. Só por isso a disposição seria nula, mas também porque privaria o ato de todo o seu efeito. Uma coisa é subordinar a alienação à anuência de terceiros, outra é subordinar a deixa testamentária a seu arbítrio".[47]

Se o testamento ou o instrumento de doação não contiver expressamente a duração da cláusula de inalienabilidade, incomunicabilidade ou impenhorabilidade, presumir-se-á que será vitalícia.[48]

Com o óbito do beneficiário do bem gravado com cláusula restritiva vitalícia, os bens serão transmitidos livres e desembaraçados a seus herdeiros, como bem decide o STJ:

> "Processual civil e Civil. Recurso especial. Execução. Penhora. Embargos declaratórios. Omissão. Ausência. Cláusula de inalienabilidade vitalícia. Manutenção. Vigência. – Ausentes os vícios do art. 535 do CPC, rejeitam-se os embargos de declaração. – A cláusula de inalienabilidade vitalícia tem vigência enquanto viver o beneficiário, passando livres e desembaraçados aos seus herdeiros os bens objeto da restrição. Recurso especial conhecido e provido". (STJ, REsp 1101702/RS, Rel. Ministra Nancy Andrighi, 3ª Turma, julgado em 22/09/2009)

---

[47] VENOSA, Sílvio de Salvo. *Direito civil*: família e sucessões. São Paulo: Atlas, 2020. v. 5. p. 721.

[48] OTERO, Marcelo Truzzi. *Justa causa testamentária*: inalienabilidade, impenhorabilidade e incomunicabilidade sobre a legítima do herdeiro necessário. Porto Alegre: Livraria do Advogado, 2012. p. 58.

Os herdeiros do beneficiário do bem gravado com cláusula restritiva vitalícia podem tanto requerer ao juízo do inventário ou ao tabelião, mediante mera apresentação da certidão de óbito, o cancelamento da cláusula restritiva.

Uma vez falecido o beneficiário do bem gravado e sendo automaticamente extinta a cláusula restritiva, pode ocorrer a penhora dos bens, inclusive no rosto do inventário. Essa é a visão da jurisprudência:

> "EXECUÇÃO DE TÍTULO EXTRAJUDICIAL - Penhora - Imóveis gravados com cláusula de inalienabilidade, impenhorabilidade e incomunicabilidade instituídas em favor do falecido donatário - Benefício que não transpassa aos seus herdeiros - Benefício de natureza pessoal - Extinção das restrições com a morte do beneficiário - Possibilidade da penhora recair sobre a totalidade do bem - Decisão reformada - Recurso provido". (TJSP, Agravo de Instrumento n. 2107080-96.2017.8.26.0000, Rel. Maia da Rocha, 21ª Câmara de Direito Privado; Foro Central Cível - 26ª Vara Cível; data do julgamento: 02/08/2017; data de registro: 02/08/2017)

2.5.12 Extensão ou não aos frutos ou rendimentos de bens gravados com cláusulas restritivas

Dúvida interessante é saber se, no caso de haver cláusula de inalienabilidade, incomunicabilidade ou impenhorabilidade apenas sobre o bem principal, atinge os frutos e rendimentos.

Há quem entenda que a instituição de cláusula restritiva sobre o bem principal acarreta a instituição da mesma cláusula sobre os frutos e rendimentos, uma vez que o acessório segue o principal.

Inicialmente, deve-se analisar a questão sob a ótica específica da cláusula de inalienabilidade e impenhorabilidade.

Existe norma expressa no ordenamento jurídico brasileiro sobre tal questão no que se refere à cláusula de inalienabilidade e impenhorabilidade. O art. 834 do Código de Processo Civil dispõe que "podem ser penhorados, à falta de outros bens, os frutos e os rendimentos dos bens inalienáveis".

Se os frutos e rendimentos podem ser penhorados, serão considerados alienáveis, pois se fossem inalienáveis não poderiam ser penhorados.

Assim, salvo se houver previsão expressa de que a cláusula de inalienabilidade ou impenhorabilidade não incide sobre os frutos e rendimentos, estes serão considerados alienáveis e penhoráveis, como bem pontua decisão do TJSP:

> "AGRAVO DE INSTRUMENTO. BEM IMÓVEL GRAVADO COM CLÁUSULAS DE IMPENHORABILIDADE E INALIENABILIDADE. RESTRIÇÃO QUE NÃO SE ESTENDE AUTOMATICAMENTE AOS FRUTOS. 1. Embora se reconheça a divergência a respeito do tema, melhor se adéqua à legislação vigente a orientação que admite a impenhorabilidade dos frutos e rendimentos, não de forma automática, mas mediante disposição expressa do estipulante. Esta solução se ajusta tanto à Lei Material, que não veda a imposição da inalienabilidade (por liberalidade do estipulante) também aos acessórios do bem gravado, como à Lei Processual, que admite, excepcionalmente (e na falta de expressa manifestação de vontade), a penhora dos frutos e rendimentos produzidos pelos bens inalienáveis. 2. Da inalienabilidade do imóvel em questão não pode resultar obrigatoriamente a impenhorabilidade dos seus frutos e rendimentos, porque a satisfação dos débitos judiciais se faz ao interesse público, de modo que, na ausência de expressa disposição da escritura e por não terem sido indicados outros bens passíveis de penhora, deve ser admitida a constrição dos acessórios daquele que se encontra gravado pelas cláusulas restritivas do direito de propriedade, já reservado de expropriação. 3. Não fosse por isso, observa-se que o agravante não se interessou em comprovar que a 1/3 das edificações caberia ao 'responsável pelas obras', de modo

> que também não é possível afirmar, diante da dúvida a respeito do destino dado às acessões erigidas, que o seu sustento depende dos frutos porventura advindos do imóvel. 4. Recurso não provido. Decisão mantida". (TJSP, Agravo de Instrumento n. 2260415-72.2016.8.26.0000, Rel. Carlos Alberto Garbi, 2ª Câmara Reservada de Direito Empresarial; Foro Regional XI – Pinheiros – 2ª Vara Cível; data do julgamento: 27/03/2017)

Também há antiga decisão do STF, quando a matéria era de sua competência, com igual posicionamento:

> "BENS INALIENÁVEIS; PENHORA EM FRUTOS E RENDIMENTOS: O art. 943 n. 1 do Código do Processo Civil, ao permiti-la, quer referir-se ao caso em que a inalienabilidade ou impenhorabilidade de tais frutos ou rendimentos não são expressamente declarados pelo testador". (STF, RE 28.182, Rel. Ministro Afrânio Costa – convocado, 1ª Turma, julgado em 22/08/1955, DJ 17/11/1955)

No que se refere à extensão da cláusula de incomunicabilidade aos frutos e rendimentos, o raciocínio é diferente. Isso porque o art. 1.669 do Código Civil disciplina que "a incomunicabilidade dos bens enumerados no artigo antecedente não se estende aos frutos, quando se percebam ou vençam durante o casamento". E o art. 1.668 do referido Código dispõe sobre a exclusão da comunhão dos bens doados ou herdados com cláusula de incomunicabilidade e os sub-rogados no seu lugar.

Ou seja, por força do art. 1.669 do Código Civil, se houver cláusula de incomunicabilidade apenas sobre o bem principal, presumir-se-á que os frutos e rendimentos são comunicáveis.

Para haver a não comunicação de frutos e rendimentos do bem, deve a própria cláusula de incomunicabilidade prever expressamente que se estende aos frutos e rendimentos.

2.5.13 Constituição de usufruto, uso e direito de habitação sobre bens recebidos com cláusula de inalienabilidade

Discute-se se é possível constituir usufruto, uso ou direito de habitação em bem gravado com cláusula de inalienabilidade.

Entendemos que sim, pois não se trata de alienação. O usufruto, o uso e o direito de habitação não ensejam alienação, como bem ensina *Maria Berenice Dias.*[49]

Se o bem for inalienável, também o serão o usufruto, o uso ou o direito de habitação, mas a inalienabilidade não abrangerá eventuais frutos ou rendimentos provenientes de tal usufruto, uso ou direito de habitação.

Assim, se alguém tiver o usufruto e residir no imóvel, o usufruto será inalienável, mas não o será se o indivíduo tiver o usufruto e locar o imóvel, recebendo alugueres.

O STJ segue o mesmo ponto de vista:

> "DIREITO CIVIL. AÇÃO DE ARBITRAMENTO DE ALUGUEL. DEVEDORA DETENTORA DE 50% DO USUFRUTO. EXECUÇÃO PROPOSTA PELO NU PROPRIETÁRIO DETENTOR DOS OUTROS 50%. PENHORA DO EXERCÍCIO DO DIREITO DE USUFRUTO. IMPOSSIBILIDADE. I – Da inalienabilidade resulta a impenhorabilidade do usufruto. O direito não pode, portanto, ser penhorado em ação executiva movida contra o usufrutuário; apenas o seu exercício pode ser objeto de constrição, mas desde que os frutos advindos dessa cessão tenham expressão econômica imediata. II – Se o imóvel se encontra ocupado pela própria devedora, que nele reside, não produz frutos que possam ser penhorados. Por conseguinte, incabível se afigura a pretendida penhora do exercício do direito de usufruto do imóvel ocupado pela recorrente, por ausência de amparo legal. Recurso Especial

[49] DIAS, Maria Berenice. *Manual das sucessões.* São Paulo: Revista dos Tribunais, 2018. item 27.

> provido". (STJ, REsp 883.085/SP, Rel. Ministro Sidnei Beneti, 3ª Turma, julgado em 19/08/2010, DJe 16/09/2010)

2.5.14 Cláusula de inalienabilidade de fração de condomínio

Outro ponto que merece atenção refere-se à possibilidade de alienar ou não imóvel quando fração do imóvel em condomínio possui cláusula de inalienabilidade.

O mero fato de existir inalienabilidade em fração de imóvel em condomínio não impede a extinção desse condomínio ou a alienação de todo o imóvel, exigindo apenas que o produto da alienação da parte gravada seja sub-rogada ao produto da venda como bem decidido pelo TJSP e pelo STJ:

> "AÇÃO DE EXTINÇÃO DE CONDOMÍNIO - Pleito em desfavor do genitor, condômino na parte ideal de 50% - Acolhimento para determinar a alienação do imóvel, partilhado em partes iguais - Inconformismo de ambas as partes - Autora que insiste na condenação do réu em ônus sucumbencial - Acolhimento - Inconformismo do réu, adesivamente, insistindo na existência de cláusula de inalienabilidade e impenhorabilidade - Rejeição - Existência de clausula de inalienabilidade recaindo sobre uma fração de bem imóvel que não impede a extinção do condomínio. - Hipótese de sub-rogação da cláusula de inalienabilidade, que incidirá sobre o produto da alienação do bem, no percentual correspondente a fração gravada - Apelo da autora acolhido, desprovido o do réu". (TJSP, Apelação Cível n. 1007083-07.2018.8.26.0362, Rel. Galdino Toledo Júnior, 9ª Câmara de Direito Privado; Foro de Mogi Guaçu - 2ª Vara Cível; data do julgamento: 14/04/2020)

> "Civil. Recurso especial. Condomínio. Extinção. Possibilidade. Cláusula de inalienabilidade que incide sobre fração ideal. - A existência de cláusula de inalienabilidade recaindo sobre uma fração de bem imóvel, não impede

> a extinção do condomínio. – Na hipótese, haverá sub-rogação da cláusula de inalienabilidade, que incidirá sobre o produto da alienação do bem, no percentual correspondente a fração gravada. Recurso não conhecido". (STJ, REsp 729.701-SP (2005/0028578-3), Rel. Ministra Nancy Andrighi)

2.5.15 Renúncia à herança na qual consta bem clausulado de inalienabilidade

O direito a herança pode ser renunciado, incluindo bens que tenham cláusula de inalienabilidade.

Há discussão se a renúncia pelo beneficiário de bem com cláusula de inalienabilidade exclui tal cláusula ou se ela permanece em face do novo beneficiário com o bem.

Christiano Cassettari defende que a renúncia do beneficiário não exclui as cláusulas restritivas:

> "[...] a cláusula recai no patrimônio e não nas pessoas, motivo pelo qual, ainda que haja renúncia do herdeiro testamentário a determinado bem gravado com alguma dessas cláusulas, o bem assim continua ao ser herdado pelo sucessor legítimo".[50]

Defendemos posicionamento distinto. A nosso ver, a instituição de inalienabilidade é personalíssima (tanto que deve haver justa causa), não ultrapassando de um beneficiário para os seus sucessores.

Ainda que recaia sobre o patrimônio, a motivação de instituição e da justa causa é personalíssima, pois exige-que tal justa causa seja concreta e não genérica.

---

[50] CASSETTARI, Christiano. Considerações sobre as cláusulas de inalienabilidade, incomunicabilidade e impenhorabilidade. *In*: CASSETTARI, Christiano (coord.). *10 anos de vigência do Código Civil brasileiro de 2002*. São Paulo: Saraiva, 2013. p. 629-630.

Maria Berenice Dias conclui:

> "Assim, no caso de falecimento do herdeiro, ou renunciando ele à herança, esta se transmite aos demais sucessores, sem qualquer encargo. Claro que, no caso de renúncia, os bens podem passar aos descendentes do herdeiro renunciante. E, se os filhos forem menores, o pai é quem administra os bens, livres das cláusulas. Esta é uma forma de livrar a herança da clausulação".[51]

2.5.16 Usucapião de bem clausulado de inalienabilidade

Tema espinhoso que permeia a questão da cláusula de inalienabilidade é saber sobre a possibilidade de se usucapir bem clausulado de inalienabilidade.

Há posicionamento defendendo que, como o bem é inalienável, não estaria suscetível a usucapião.

Divergimos. A inalienabilidade veda a aquisição derivada de propriedade e não a aquisição originária por meio da usucapião, como coloca antiga decisão do STF e posição atual do STJ:

> "1. EMBARGOS DECLARATÓRIOS. PRAZO PARA INTERPOSIÇÃO DE RECURSO EXTRAORDINÁRIO. Na contagem do prazo, que sobejar, não se computa o dia da publicação do acórdão proferido nos embargos de declaração. 2. Civil. Imóvel gravado com a cláusula de inalienabilidade, de que cogita o art. 1.676 do Código Civil. A proibição abrange os atos voluntários. O proprietário só perde o bem inalienável por desapropriação ou execução fiscal. Não o perde, porém, por usucapião. 3. Recurso extraordinário não conhecido". (STF, RE 97707, Rel. Min. Alfredo Buzaid, 1ª Turma, julgado em 03/02/1983, DJ 08/04/1983)

> "DIREITO CIVIL. USUCAPIÃO. AQUISIÇÃO DO IMÓVEL POR CONTRATO DE PROMESSA DE COMPRA E VENDA. BEM GRAVADO COM CLÁUSULA DE INALIENABILIDADE. AQUISIÇÃO POR USUCAPIÃO.

[51] DIAS, Maria Berenice. *Manual das sucessões*, cit., item 27.2.

POSSIBILIDADE. PRECEDENTES. RECURSO PROVIDO. Na linha dos precedentes desta Corte, a existência de cláusula de inalienabilidade não obsta o reconhecimento do usucapião, uma vez tratar-se de modalidade de aquisição originária do domínio". (STJ, REsp 207.167/RJ, Rel. Ministro Sálvio de Figueiredo Teixeira, 4ª Turma, julgado em 21/06/2001, DJ 03/09/2001)

"USUCAPIÃO. Bem com cláusula de inalienabilidade. Testamento. Art. 1.676 do CCivil. O bem objeto de legado com cláusula de inalienabilidade pode ser usucapido. Peculiaridade do caso. Recurso não conhecido". (STJ, REsp 418.945/SP, Rel. Ministro Ruy Rosado de Aguiar, 4ª Turma, julgado em 15/08/2002, DJ 30/09/2002)

2.5.17 Penhora após o falecimento de beneficiário de bem gravado com cláusula de inalienabilidade ou impenhorabilidade

Há forte corrente doutrinária entendendo que, na hipótese de um proprietário de bem gravado com cláusula de inalienabilidade ou impenhorabilidade vitalícia vir a falecer, tal bem seria impenhorável durante o inventário porque, se os credores não podem penhorar em vida, não poderiam em morte.

Ousamos discordar. Como a cláusula de inalienabilidade ou impenhorabilidade possui duração máxima pela vida do proprietário que recebeu tal bem gravado, seu falecimento geraria a extinção do gravame.

A forma de evitar a penhora do bem seria fazer testamento e deixar o bem gravado com impenhorabilidade (agora para seus sucessores).

Haveria substituição da impenhorabilidade do bem que ele recebeu pela impenhorabilidade do bem que deixou.

2.5.18 Desapropriação de bem clausulado de inalienabilidade

O art. 1.911 do Código Civil disciplina a desapropriação de bens com cláusula de inalienabilidade:

> "Art. 1.911. A cláusula de inalienabilidade, imposta aos bens por ato de liberalidade, implica impenhorabilidade e incomunicabilidade.
>
> Parágrafo único. No caso de desapropriação de bens clausulados, ou de sua alienação, por conveniência econômica do donatário ou do herdeiro, mediante autorização judicial, o produto da venda converter-se-á em outros bens, sobre os quais incidirão as restrições apostas aos primeiros".

Da redação do art. 1.911 do Código Civil se depreende que bens com cláusula de inalienabilidade podem ser desapropriados.

A única exigência é que, caso haja desapropriação sobre bem com cláusula de inalienabilidade, o produto da venda converta-se em outros bens sobre os quais haverá a mesma restrição de inalienabilidade.

2.5.19 Dívidas e cláusula de inalienabilidade e de impenhorabilidade

Inicialmente, impende salientar, como mencionado anteriormente, que a inalienabilidade e a impenhorabilidade não possuem validade jurídica se instituídas sobre os próprios bens, estando sujeitos a penhora e alienação.

Já se a cláusula de inalienabilidade e/ou impenhorabilidade incidir sobre bens testados, doados ou negociados com outrem, é válida a princípio.

Via de regra, como a cláusula de inalienabilidade acarreta a impenhorabilidade, o bem gravado de inalienabilidade ou simplesmente de impenhorabilidade não pode ser penhorado em decorrência de dívidas, salvo no caso de dívidas do próprio imóvel, como condomínio, taxa associativa de loteamento fechado ou dívidas tributárias do próprio bem (ex.: Imposto sobre a Propriedade Predial e Territorial Urbana – IPTU), por se tratar de débitos *propter rem*, conforme pontuam o TJSP e o STJ:

> "AGRAVO DE INSTRUMENTO – EXECUÇÃO POR TÍTULO EXTRAJUDICIAL – DÍVIDA CONDOMINIAL – IMÓVEL GRAVADO COM CLÁUSULAS DE

INALIENABILIDADE, IMPENHORABILIDADE E INCOMUNICABILIDADE - PENHORA DA UNIDADE - ADMISSIBILIDADE - RECURSO IMPROVIDO. Em se tratando de obrigação *propter rem*, as cláusulas de inalienabilidade, impenhorabilidade e incomunicabilidade não prevalecem contra o condomínio, sendo possível a penhora do imóvel". (TJSP, Agravo de Instrumento n. 2247908-11.2018.8.26.0000, Rel. Renato Sartorelli, 26ª Câmara de Direito Privado; Foro de São José dos Campos - 3ª Vara Cível; data do julgamento: 18/10/2019; data de registro: 18/10/2019)

"AGRAVO DE INSTRUMENTO. DESPESAS CONDOMINIAIS. COBRANÇA. Em se tratando de obrigação *propter rem*, as cláusulas de inalienabilidade, impenhorabilidade e incomunicabilidade são inoponíveis ao condomínio, sendo possível a penhora do imóvel. Decisão reformada. Recurso provido". (TJSP, Agravo de Instrumento n. 2071008-13.2017.8.26.0000, Rel. Desembargador Felipe Ferreira, 26ª Câmara da Seção de Direito Privado)

"CIVIL E PROCESSUAL CIVIL. AGRAVO REGIMENTAL NO RECURSO ESPECIAL. EMBARGOS DE TERCEIRO. IMÓVEL ADQUIRIDO JUNTO AO IPESP. DESPESAS CONDOMINIAIS. PENHORA. POSSIBILIDADE. 1. As despesas condominiais são consideradas dívidas *propter rem*, de modo que podem ensejar a penhora da unidade autônoma devedora, não prevalecendo contra o condomínio cláusulas de impenhorabilidade e inalienabilidade em contratos celebrados com terceiros. 2. Agravo regimental a que se nega provimento". (STJ, AgRg no REsp 650.570/SP, Rel. Ministra Maria Isabel Gallotti, 4ª Turma, julgado em 07/08/2012, DJe 15/08/2012)[52]

52 STJ, REsp 1499170/SP, Rel. Ministro Herman Benjamin, 2ª Turma, julgado em 23/08/2016, DJe 13/09/2016; "CIVIL. CLÁUSULA DE INALIENABILIDADE. DESPESAS CONDOMINIAIS. O imóvel, ainda que gravado com a cláusula de inalienabilidade, está sujeito à penhora na execução de crédito resultante da falta de pagamento de quotas condominiais. Recurso especial não conhecido" (STJ, REsp 209.046/RJ, Rel. Ministro Ari Pargendler, 3ª Turma, julgado em 08/11/2002, DJ 16/12/2002).

Questão interessante é saber se o bem com cláusula de inalienabilidade ou impenhorabilidade está sujeito a penhora advinda de dívida tributária.

A dúvida se dá porque o Código Tributário Nacional dispõe expressamente que respondem pelo crédito tributário os bens gravados por cláusula de inalienabilidade ou impenhorabilidade, salvo quando declarados absolutamente impenhoráveis:

> "Art. 184. Sem prejuízo dos privilégios especiais sobre determinados bens, que sejam previstos em lei, responde pelo pagamento do crédito tributário a totalidade dos bens e das rendas, de qualquer origem ou natureza, do sujeito passivo, seu espólio ou sua massa falida, inclusive os gravados por ônus real ou cláusula de inalienabilidade ou impenhorabilidade, seja qual for a data da constituição do ônus ou da cláusula, excetuados unicamente os bens e rendas que a lei declare absolutamente impenhoráveis".

Grande parte da doutrina e da jurisprudência, ao interpretar o art. 184 do CTN isoladamente, entende que os bens com cláusula de inalienabilidade e impenhorabilidade podem ser penhorados por dívidas tributárias, salvo quando tais cláusulas se derem por força de lei, por exemplo, quando um município doa determinado bem a uma associação com cláusula de inalienabilidade e impenhorabilidade.

E mais. Entendem que os bens gravados de cláusula de inalienabilidade e/ou impenhorabilidade estão sujeitos a penhora por qualquer dívida tributária e não apenas pelas que incidirem sobre o imóvel. Isso porque o art. 184 do Código Tributário Nacional não faz tal limitação, não podendo o intérprete o fazer. Esse também é o entendimento de *Paulo Nader*[53] *e de parte da jurisprudência:*

> "APELAÇÃO – EXECUÇÃO FISCAL – IPTU, exercícios de 2012 a 2016 – Município de Franco da Rocha – 1) Ilegitimidade passiva da CDHU executada – Inocorrência,

53 NADER, Paulo. *Curso de direito civil*: direito das sucessões. Rio de Janeiro: Forense, 2016. v. 6. p. 190. *E-book*.

> pois responde pela execução como proprietária do imóvel; 2) a CDHU não faz jus à imunidade recíproca porque é entidade privada do tipo sociedade de economia mista que não presta serviço público essencial - Precedentes desta Corte e do STF; 3) Eventual cláusula de inalienabilidade pactuada no termo de permissão de uso não pode ser oposta ao credor tributário - Precedentes desta Corte - RECURSO PROVIDO". (TJSP, Apelação Cível n. 1005789-58.2017.8.26.0198, Rel. Rodrigues de Aguiar, 15ª Câmara de Direito Público; Foro de Franco da Rocha - SAF - Serviço de Anexo Fiscal; data do julgamento: 26/03/2020)

Ousamos, no entanto, divergir de tal posicionamento.

Em uma análise mais acurada, chegamos a outro ponto de vista.

Sabe-se que o Código Tributário Nacional data de 1966, tendo sido sancionado em tal ano, quando estava em vigor o Código de Processo Civil de 1939.

O CTN dispõe em seu art. 184 que seriam passíveis de penhora bens ou rendas com cláusula de inalienabilidade ou impenhorabilidade, salvo os que a lei declare absolutamente impenhoráveis.

E o CPC de 1939 dispunha em seu art. 942 que "não poderão absolutamente ser penhorados: I - os bens inalienáveis por força da lei".

Assim, após 1966 e antes do advento do CPC de 1973, entende-se que poderiam ser penhorados os bens com cláusulas de inalienabilidade ou impenhorabilidade, salvo os que tivessem sido declarados inalienáveis por força da lei.

O problema é que o CPC de 1973 passou a tratar como absolutamente impenhoráveis, além dos bens inalienáveis, também os declarados, por ato voluntário, não sujeitos à execução:

> "Art. 640. São absolutamente impenhoráveis:
>
> I - os bens inalienáveis e os declarados, por ato voluntário, não sujeitos à execução".

Assim, o art. 640 do CPC de 1973, ao prever como absolutamente impenhoráveis os bens inalienáveis e os declarados por ato voluntário, acabou por ampliar a inalienabilidade e a impenhorabilidade também para os bens objeto de inalienabilidade ou impenhorabilidade por ato voluntário.

Esse movimento (acertado, diga-se de passagem) deu-se devido à maior preocupação com a proteção da dignidade humana do devedor e a proteção existencial. O mesmo movimento tido na interpretação elástica das hipóteses de impenhorabilidade, abarcando, por exemplo, a impenhorabilidade de família de pessoa solteira.

Deve-se lembrar que, como dito anteriormente, as cláusulas de inalienabilidade e impenhorabilidade quase sempre se dão no patrimônio de terceiro em benefício de outrem, e não é razoável que não possa o doador ou testador promover tal proteção.

Também não faz sentido não valer a impenhorabilidade decorrente de ato voluntário perante o Fisco e valer em situações muito mais graves, como perante o crédito alimentar ou trabalhista.

E CPC de 2015 manteve o mesmo espírito ao considerar impenhoráveis os bens inalienáveis e os declarados, por ato voluntário, não sujeitos à execução:

> "Art. 833. São impenhoráveis:
>
> I – os bens inalienáveis e os declarados, por ato voluntário, não sujeitos à execução".

A única diferença é que foi retirada a expressão "absolutamente impenhoráveis", que em nada modificava o entendimento acima. O intuito de retirar a palavra "absolutamente" foi o fato de haver exceções à regra da impenhorabilidade disposta nos parágrafos de tal dispositivo, por exemplo, não ser oponível a impenhorabilidade à execução da dívida relativa ao próprio bem ou contraída para sua aquisição.

Assim, deve-se entender como absolutamente impenhoráveis todos os bens do art. 833 do CPC em que não for admitida a penhora.

Por isso entendemos serem impenhoráveis bens ou frutos gravados com cláusula de inalienabilidade e/ou impenhorabilidade, ainda que se trate de dívida de natureza tributária, salvo as dívidas tributárias originadas do próprio imóvel.

Dívidas de origem trabalhista e de alimentos não podem incidir sobre os bens gravados com inalienabilidade ou impenhorabilidade.

A dívida de alimentos – por sua relevância – também será tratada em tópico próprio.

2.5.20 Partilha em vida de bem gravado com inalienabilidade

Enquanto perdurar a cláusula de inalienabilidade, não pode o bem gravado com tal cláusula ser objeto de partilha em vida, uma vez que se trata de modalidade de alienação, mais especificamente de doação em adiantamento de legítima.[54]

2.5.21 Inclusão em testamento de bem gravado com cláusula restritiva

Já em relação ao testamento, pode o testador testar bem gravado com cláusula restritiva de propriedade (inclusive de inalienabilidade), uma vez que o ato de disposição de última vontade apenas se inicia com o falecimento e com o falecimento do beneficiário as cláusulas restritivas se extinguem, devendo os bens ser transmitidos livres e desembaraçados aos sucessores do falecido proprietário do bem gravado.

2.5.22 Alienação de imóvel com cláusula de incomunicabilidade sem anuência do cônjuge

Dúvida frequente refere-se a saber se um imóvel de propriedade de um dos cônjuges gravado com cláusula de incomunicabilidade pode ser alienado sem anuência do outro cônjuge.

[54] No mesmo sentido: FIORANELLI, Ademar. *Das cláusulas de inalienabilidade, impenhorabilidade e incomunicabilidade*, cit., p. 39.

A resposta é afirmativa. Como se trata de bem exclusivo de um dos cônjuges e há a previsão expressa de incomunicabilidade, torna-se desnecessária a anuência do outro cônjuge para alienação do bem.

2.5.23 Cláusula restritiva de incomunicabilidade e falecimento

Outra querela é saber se, com o falecimento de beneficiário de bem clausulado com incomunicabilidade, tal bem é herdado pelo cônjuge.

Entendemos que sim. A incomunicabilidade visa excluir da comunhão do cônjuge em vida e não excluí-lo da herança.

Carlos Alberto Maluf arremata:

> "Por outro lado, deve ficar esclarecido que a cláusula de incomunicabilidade não priva o cônjuge do direito hereditário que lhe cabe (art. 1.829, I a III, CC/2002). Como se verá em maiores detalhes ao final, a jurisprudência dominante afirma que a cláusula de incomunicabilidade só produz efeitos enquanto viver o beneficiário, podendo o cônjuge supérstite habilitar-se como herdeiro do bem clausulado".[55]

O mesmo autor cita importante decisão do STJ sobre a matéria:

> "RECURSO ESPECIAL. DIREITO DAS SUCESSÕES. BEM GRAVADO COM CLÁUSULA DE INALIENABILIDADE. CÔNJUGE QUE NÃO PERDE A CONDIÇÃO DE HERDEIRO. 1. O art. 1.829 do Código Civil enumera os chamados a suceder e define a ordem em que a sucessão é deferida. O dispositivo preceitua que o cônjuge é também herdeiro e nessa qualidade concorre com descendentes (inciso I) e ascendentes (inciso II). Na falta de descendentes e ascendentes, o cônjuge herda sozinho

[55] MALUF, Carlos Alberto Dabus. *Das cláusulas de inalienabilidade, incomunicabilidade e impenhorabilidade*, cit., 2018, p. 52.

> (inciso III). Só no inciso IV é que são contemplados os colaterais. 2. A cláusula de incomunicabilidade imposta a um bem não se relaciona com a vocação hereditária. Assim, se o indivíduo recebeu por doação ou testamento bem imóvel com a referida cláusula, sua morte não impede que seu herdeiro receba o mesmo bem. 3. Recurso especial provido". (STJ, REsp 1552553/RJ, Rel. Ministra Maria Isabel Gallotti, 4ª Turma, julgado em 24/11/2015, DJe 11/02/2016)[56]

2.5.24 Cláusula restritiva e sub-rogação

A priori, um bem como cláusula restritiva deve ficar com o gravame desta até o termo imposto pelo testador, doador ou contratante.

Permite-se a sub-rogação da cláusula restritiva para outro bem quando o bem clausulado for desapropriado.

Admite-se também, excepcionalmente, que bem gravado com cláusula restritiva de propriedade possa ser alienado, desde que haja autorização judicial e justa causa para se promover dita alienação ou conveniência econômica do donatário ou do herdeiro ou ainda do contratante, desde que o produto seja convertido em outros bens, que ficarão sub-rogados nos ônus dos primeiros, conforme disposição dos arts. 1.848 e 1.911 do Código Civil:

> "Art. 1.848. Salvo se houver justa causa, declarada no testamento, não pode o testador estabelecer cláusula de inalienabilidade, impenhorabilidade, e de incomunicabilidade, sobre os bens da legítima.
>
> § 1° Não é permitido ao testador estabelecer a conversão dos bens da legítima em outros de espécie diversa.
>
> § 2° Mediante autorização judicial e havendo justa causa, podem ser alienados os bens gravados, convertendo-se o produto em outros bens, que ficarão sub-rogados nos ônus dos primeiros.

[56] Em sentido contrário: STJ, REsp 246.693/SP, Rel. Ministro Ruy Rosado de Aguiar, 4ª Turma, julgado em 04/12/2001, DJ 17/05/2004.

> Art. 1.911. A cláusula de inalienabilidade, imposta aos bens por ato de liberalidade, implica impenhorabilidade e incomunicabilidade.
>
> Parágrafo único. No caso de desapropriação de bens clausulados, ou de sua alienação, por conveniência econômica do donatário ou do herdeiro, mediante autorização judicial, o produto da venda converter-se-á em outros bens, sobre os quais incidirão as restrições apostas aos primeiros".

Exige-se autorização judicial para fazer sub-rogação de bem com cláusula restritiva de propriedade em outro bem seja em decorrência de desapropriação, conveniência econômica do beneficiário ou por justa causa.

Não se faz a sub-rogação apenas por intermédio do cartório ou sem autorização judicial.

Ao se admitir a sub-rogação quando de desapropriação, prevê-se uma hipótese legal de justa causa.

Na hipótese de desapropriação, o produto da venda converte-se em outros bens, exigindo-se, nessa hipótese específica, que seja possível instituir a cláusula de inalienabilidade. Não se pode, por exemplo, limitar-se a manter o produto da desapropriação em dinheiro, exigindo a aquisição de outro bem passível de instituir o gravame.

Para promover a alienação de bem clausulado exige-se justa causa específica para se incluir a sub-rogação (conveniência econômica do donatário ou do herdeiro) ou outra justa causa, segundo previsão do art. 1.911 do Código Civil. Sem essas justas causas não se promove a sub-rogação do bem.

Não exige a lei que o bem sub-rogado tenha valor equivalente ou maior que o bem sub-rogado, apenas que haja conveniência econômica do donatário ou herdeiro. Pode ser que o bem para qual houve a sub-rogação tenha valor financeiro menor, mas, se o caso concreto demonstrar a conveniência de tal sub-rogação, deve ela ser deferida. Nao se exige, como antigamente, equivalência econômica entre o bem alienado e o sub-rogado.

Conveniência econômica significa que, no caso concreto, a alienação é mais viável economicamente para o beneficiário (donatário, herdeiro ou contratante) que a não sub-rogação.

Cite-se por exemplo que tenha a necessidade de vender um bem imóvel de um menor de idade com cláusula de inalienabilidade para pagar Imposto sobre Transmissão *Causa Mortis* e Doação (ITCMD) decorrente do falecimento do seu genitor. O juízo pode permitir a venda do bem, o pagamento do imposto e a aquisição de outro imóvel de valor menor a ser sub-rogado no lugar do primeiro.

Exemplos de conveniência econômica para donatário ou herdeiro para sub-rogação podem ser os mais variáveis: genitor que pleiteia alienar imóvel de filho menor gravado com inalienabilidade para adquirir bem mais rentável; indivíduo que pleiteia a permuta de imóvel rural que não gere renda por outro que gere renda, a venda de bem mais valioso para pagamento de ITCMD por falecimento de genitor e a aquisição de bem sub-rogado de menor valor, dentre outros.

A sub-rogação por desapropriação independe da conveniência econômica do donatário ou herdeiro.

Se o bem estiver gravado de inalienabilidade, o bem sub-rogado deve ser gravado de inalienabilidade da mesma forma que o bem antecessor.

Nada impede que os gravames existentes em um imóvel sejam sub-rogados por gravames em mais de um imóvel ou em fração de outro imóvel.

Maria Helena Diniz entende nesse caso não poder ser adquirido novo bem de natureza jurídica diversa do bem que fora sub-rogado.[57]

Entendemos diversamente da grande professora.

Não há necessidade de que o bem a ser adquirido para ser clausulado após a desapropriação ou alienação seja da mesma natureza do bem imóvel, pois o art. 1.911 do Código Civil não faz tal limitação.

---

[57] DINIZ, Maria Helena. *Código Civil anotado.* São Paulo: Saraiva, 2010. p. 1309.

Pode por exemplo haver a desapropriação de bem imóvel e a compra de ações de uma sociedade anônima com a instituição de tais cláusulas.

Ademais, trata-se de sub-rogação e não de mera conversão dos bens por ato do testador, sendo que apenas esta última hipótese é proibida pelo parágrafo único do art. 1.848 do Código Civil.

Como ensinam *Gustavo Tepedino, Ana Luiz Maia Nevares* e *Rose Melo Vencelau Meirelles*, "Se o bem para o qual será transferido o ônus for de valor superior ao gravado, somente até o valor deste incidirá o gravame".[58]

A sub-rogação sobre o novo bem imóvel deverá ser averbada na matrícula deste, conforme prevê o art. 246 da Lei de Registros Públicos: "Além dos casos expressamente indicados no item II do art. 167, serão averbadas na matrícula as sub-rogações e outras ocorrências que, por qualquer modo, alterem o registro".

Também deverá haver o cancelamento da averbação do bem imóvel originário em que constava a cláusula restritiva.

As hipóteses de sub-rogação previstas em lei não impedem a ocorrência de desconstituição judicial de cláusulas restritivas sem as amarras da sub-rogação.

2.5.25 Decretação judicial de cancelamento/desconstituição da cláusula de inalienabilidade

Anteriormente não se admitia a desconstituição judicial de cláusulas restritivas de propriedade, como defendia inclusive *Clóvis Beviláqua*:

> "Salvo o caso de expropriação por necessidade ou utilidade pública, e o de execução por divisões provenientes de impostos, essa cláusula não se invalida, nem dispensa por acto judicial de qualquer espécie".[59]

---

[58] TEPEDINO, Gustavo *et al. Direito das sucessões*, cit., p. 165.

[59] BEVILÁQUA, Clóvis. *Direito das sucessões*. Rio de Janeiro: Livraria Editora Freitas Bastos, 1938. p. 256.

Somente faz sentido existir a cláusula de inalienabilidade enquanto existentes os motivos que lhe deram causa, segundo aponta *Ana Luiza Maia Nevares*:

> "Isso significa dizer que a permanência da inalienabilidade deve coincidir com a manutenção de sua causa justificadora. Assim, uma vez ausente a motivação outrora existente deve a cláusula restritiva ser imediatamente levantada. Em outras palavras, só se justifica o gravame enquanto perdurar a causa que o tornou legítimo à luz dos valores constitucionais".[60]

Se, por exemplo, as cláusulas restritivas foram instituídas quando o donatário era jovem, solteiro, estudante e pródigo e seus pais promoveram tal restrição a fim de evitar a perda do patrimônio, não farão sentido se, depois de considerável tempo, tiver mudado sua situação ensejadora da cláusula restritiva. Não terá sentido mantê-las se aquele jovem se tornar um homem casado, com profissão estável e excelente condição financeira.

O TJSP possui importante aresto em situação semelhante à defendida:

> "Apelação. Doação de imóvel. Cláusula de inalienabilidade e impenhorabilidade. Pedido de cancelamento do gravame. Admissibilidade. Liberalidade realizada há 68 anos, sendo o beneficiário octogenário, contando os filhos com mais de 60 anos. Cláusulas que atingiram sua finalidade, assegurando por muito tempo o imóvel em favor da família. Autor de idade avançada, com problemas de saúde, que faz jus à fruição integral do bem para atender suas necessidades atuais. Admissibilidade excepcional do cancelamento das cláusulas quando esgotam sua finalidade e passam a constituir inaceitável entrave ao direito de propriedade. Limitação do gravame ao período de vida do

60 NEVARES, Ana Luiza Maia. *A função promocional do testamento*: tendências do direito sucessório. Rio de Janeiro: Renovar, 2009. p. 249.

> donatário, não passando a restrição aos herdeiros, não fazendo os requeridos jus à preservação do imóvel gravado. Inexistência de decadência ou prescrição, pois não se trata de anular a cláusula constante da doação, mas do reconhecimento da extinção da sua finalidade após seis décadas de sua existência. Recurso do autor provido e recurso dos réus improvido". (TJSP, Apelação Cível n. 1001020-82.2017.8.26.0270, Rel. Enéas Costa Garcia, 1ª Câmara de Direito Privado; Foro de Itapeva – 3ª Vara Judicial; data do julgamento: 19/10/2020; data de registro: 19/10/2020)

Também podem ser canceladas ou desconstituídas as cláusulas restritivas quando, ao invés de proteger, elas trazem lesões ou prejuízos aos beneficiários. Citem-se por exemplo pais que gravam de inalienabilidade fazenda deixada para seus filhos, mas que não sabiam que, ao prever a inalienabilidade, os filhos podem não conseguir empréstimos bancários rurais para o exercício da atividade rural, empréstimos estes muitas vezes vitais para viabilizar o trabalho no campo. Nessa hipótese, poderia haver a desconstituição das cláusulas restritivas.

Assim, se a cláusula de inalienabilidade e impenhorabilidade impedir a obtenção de crédito rural, que é vital atualmente para exercício da atividade agropecuária, poder-se-á promover o cancelamento da cláusula restritiva:

> "Pedido de levantamento de cláusulas de inalienabilidade, impenhorabilidade e incomunicabilidade – Acolhimento parcial para levantamento de 20% – Descabimento – Possibilidade de integral levantamento – Herdeira que, junto com seu marido, adquiriu as quotas partes dos demais e exerce no local atividade agrícola – Necessidade de aquisição de financiamentos, que têm sido garantidos com o imóvel residencial – Observância da função social da propriedade – Recurso provido". (TJSP, Apelação Cível n. 0000319-28.2015.8.26.0588, Rel. Luis Mario Galbetti, 7ª Câmara de Direito Privado; Foro de São Sebastião da Grama – Vara Única; data do julgamento: 04/07/2018; data de registro: 04/07/2018)

Como bem aponta *Luiz Edson Fachin,*

> "[...] a cláusula de inalienabilidade pode ser afastada para que se possa suprir necessidades veementes... Atento à vontade do disponente, sendo esta a de conferir proteção ao beneficiado, o juiz, no caso concreto, vendo que não há qualquer outra fonte de renda para o proprietário, permite a alienação do bem sem que seja necessária a sub-rogação do bem, eis que a quantia proveniente da sua alienação será destinada a conferir meios de subsistência ao proprietário. Tem-se, nesse caso, hipótese de interpretação teleológica da cláusula de inalienabilidade e assim não poderia deixar de ser, pois, nesse caso, a dignidade da pessoa humana será mais bem atendida com a alienação do que com a manutenção do patrimônio mínimo do beneficiado".[61]

Nessas situações de insubsistência dos motivos ensejadores das cláusulas restritivas ou de trazerem lesões/prejuízos aos beneficiários quando os instituidores desejavam proteger (ex.: necessidade de venda por motivo de saúde, elevado custo de manutenção, impossibilidade de conservação, excelente condição econômica superveniente etc.), elas poderão ser canceladas ou desconstituídas, segundo aponta a jurisprudência:

> "CIVIL. PEDIDO DE ALVARÁ PARA DESCONSTITUIÇÃO PARCIAL DE CLÁUSULA DE IMPENHORABILIDADE. IMÓVEL RURAL. SOLICITAÇÃO DE FINANCIAMENTO PARA DESENVOLVIMENTO DE ATIVIDADE AGROPECUÁRIA. CÉDULA RURAL HIPOTECÁRIA. CÓDIGO CIVIL ANTERIOR, Art. 1.676. EXEGESE. SÚMULA N. 7-STJ. I. A orientação jurisprudencial adotada pelo STJ é no sentido de se atenuar a aplicação do art. 1.676 do Código Civil anterior, quando verificado que a desconstituição da cláusula de impenhorabilidade instituída pelo testador se faz imprescindível para

[61] FACHIN, Luiz Edson. *Estatuto Jurídico do Patrimônio Mínimo à luz do novo Código Civil brasileiro e da Constituição Federal*, cit., p. 126.

proporcionar o melhor aproveitamento do patrimônio deixado e o bem-estar do herdeiro, o que se harmoniza com a intenção real do primeiro, de proteger os interesses do beneficiário. II. Caso que se amolda aos pressupostos acima, porquanto a pretensão de liberar da cláusula restritiva se destina a obter financiamento através de cédula rural hipotecária que grava apenas 20% da gleba e está vinculada ao desenvolvimento de atividade agropecuária. III. A pretensão de simples reexame de prova não enseja recurso especial. (Súmula n. 7-STJ). IV. Recurso especial não conhecido". (STJ, REsp 303.424/GO, Rel. Ministro Aldir Passarinho Junior, 4ª Turma, julgado em 02/09/2004, DJ 13/12/2004)

"RECURSO ESPECIAL. DIREITO CIVIL. DOAÇÃO. HERDEIROS NECESSÁRIOS. ANTECIPAÇÃO DE LEGÍTIMA. CLÁUSULA DE INALIENABILIDADE E USUFRUTO. MORTE DOS DOADORES. 1. Controvérsia acerca da possibilidade de cancelamento de cláusula de inalienabi lidade instituída pelos pais em relação ao imóvel doado aos filhos. 2. A doação do genitor para os filhos e a instituição de cláusula de inalienabilidade, por representar adiantamento de legítima, deve ser interpretada na linha do que prescreve o art. 1.848 do CCB, exigindo-se justa causa notadamente para a instituição da restrição ao direito de propriedade. 3. Possibilidade de cancelamento da cláusula de inalienabilidade após a morte dos doadores, passadas quase duas décadas do ato de liberalidade, em face da ausência de justa causa para a sua manutenção. 4. Interpretação do art. 1.848 do Código Civil à luz do princípio da função social da propriedade. 5. RECURSO ESPECIAL PROVIDO". (STJ, REsp 1631278/PR, Rel. Ministro Paulo de Tarso Sanseverino, 3ª Turma, julgado em 19/03/2019, DJe 29/03/2019)

"RECURSO ESPECIAL. DIREITO CIVIL. CLÁUSULA DE INCOMUNICABILIDADE. PEDIDO DE CANCELAMENTO. 1 – Pedido de cancelamento de cláusula de inalienabilidade incidente sobre imóvel recebido pelo recorrente na condição de herdeiro. 2 – Necessidade de interpretação da regra do art. 1.576 do CC/16 com ressalvas, devendo ser admitido o cancelamento da cláusula de inalienabilidade nas hipóteses em que a restrição, no lugar de cumprir sua função de garantia de patrimônio aos descendentes, representar lesão aos seus legítimos interesses. 3 - Doutrina e jurisprudência acerca do tema. 4 - Recurso especial provido por maioria, vencida a relatora". (STJ, REsp 1422946/MG, Rel. Ministra Nancy Andrighi, Rel. p/ Acórdão Ministro Paulo de Tarso Sanseverino, 3ª Turma, julgado em 25/11/2014, DJe 05/02/2015)

"DIREITO DAS SUCESSÕES. REVOGAÇÃO DE CLÁUSULAS DE INALIENABILIDADE, INCOMUNICABILIDADE E IMPENHORABILIDADE IMPOSTAS POR TESTAMENTO. FUNÇÃO SOCIAL DA PROPRIEDADE. DIGNIDADE DA PESSOA HUMANA. SITUAÇÃO EXCEPCIONAL DE NECESSIDADE FINANCEIRA. FLEXIBILIZAÇÃO DA VEDAÇÃO CONTIDA NO Art. 1.676 DO CC/16. POSSIBILIDADE. 1. Se a alienação do imóvel gravado permite uma melhor adequação do patrimônio à sua função social e possibilita ao herdeiro sua sobrevivência e bem-estar, a comercialização do bem vai ao encontro do propósito do testador, que era, em princípio, o de amparar adequadamente o beneficiário das cláusulas de inalienabilidade, impenhorabilidade e incomunicabilidade. 2. A vedação contida no art. 1.676 do CC/16 poderá ser amenizada sempre que for verificada a presença de situação excepcional de necessidade financeira, apta a recomendar a liberação das restrições instituídas pelo testador. 3. Recurso especial a que se nega provimento". (STJ, REsp 1158679/MG, Rel. Ministra Nancy Andrighi, 3ª Turma, julgado em 07/04/2011, DJe 15/04/2011)

"Jurisdição Voluntária - Doação - Cancelamento de cláusulas de inalienabilidade, incomunicabilidade e impenhorabilidade - Requerente acometida de graves doenças e sem condições financeiras de custear integralmente sua mantença - Existência de justa causa para o afastamento das restrições - Precedentes do Colendo STJ - Pedido procedente - Sentença mantida - Recurso desprovido". (TJSP, Apelação Cível n. 1001448-19.2016.8.26.0070, Rel. A. C.

Mathias Coltro, 5ª Câmara de Direito Privado; Foro de Batatais – 1ª Vara Cível; data do julgamento: 28/06/2017; data de registro: 30/06/2017)

"CLÁUSULA RESTRITIVA DE INALIENABILIDADE. Cancelamento de cláusulas de inalienabilidade e de impenhorabilidade incidentes sobre imóvel urbano. Cláusulas instituídas por doação realizada há mais de vinte anos, por genitores já falecidos, em favor de donatária então jovem e recém-formada. Inexistência de razão para a permanência ou sub-rogação da restrição, que provoca prejuízo à donatária maior, capaz, médica com carreira profissional estável, proprietária de outros dois imóveis, residencial e comercial, de valor muito superior ao clausulado. Desaparecimento superveniente da causa ou da função que levaram à imposição da limitação, que tem natureza excepcional. Desnecessidade de sub-rogação do gravame, que apenas limitaria direitos disponíveis da autora sobre outros bens de seu patrimônio, desaparecida a função protetiva do instituto. Deferimento do levantamento do vínculo. Recurso provido". (TJSP, Apelação Cível n. 1026731-46.2014.8.26.0577, Rel. Francisco Loureiro, 1ª Câmara de Direito Privado; Foro de São José dos Campos – 2ª Vara Cível; data do julgamento: 07/02/2017; data de registro: 07/02/2017)

"REGISTRO DE IMÓVEIS – TESTAMENTO – CLÁUSULA DE INALIENABILIDADE – CANCELAMENTO – ARTIGO 1.676 DO CÓDIGO CIVIL/1916. INTERPRETAÇÃO À LUZ DA CONSTITUIÇÃO FEDERAL. O artigo 1.676 do Código Civil deve ser aplicado atentando-se para os princípios constitucionais informadores da propriedade, sob pena de prevalecerem rigores que atentam contra a ordem social vigente. Se a justa causa que motivou a imposição da cláusula sobre o imóvel não mais persiste, e a proprietária deseja desfazer-se do mesmo, por falta de condições na sua manutenção, necessária se faz a sua desconstituição, a fim de se dar função social ao bem". (TJMG, Apelação Cível n. 1.0000.00.322130-6/000, Rel. Desembargador Audebert Delage, 4ª Câmara Cível, julgado em 07/08/2003, publicação da súmula em 09/09/2003)

Cabe ainda o levantamento das cláusulas restritivas se sua venda for necessária para pagar as próprias despesas do inventário:

> "Agravo de Instrumento – Inventário – Pretendida expedição de alvará para alienação de bens imóveis gravados com a cláusula de inalienabilidade – Existência, no caso, de justa causa a autorizar a venda dos bens – Numerário deixado pelo testador que é insuficiente para arcar com o ITCMD e com as despesas processuais – Cancelamento do gravame – Admissibilidade – Precedentes do Colendo Superior Tribunal de Justiça – Decisão reformada – Agravo provido, com observação". (TJSP, Agravo de Instrumento n. 2273195-78.2015.8.26.0000, Rel. A. C. Mathias Coltro, 5ª Câmara de Direito Privado; Foro de Santos – 3ª Vara de Família e Sucessões; data do julgamento: 16/03/2016; data de registro: 17/03/2016)

O ônus da prova de demonstração de que os motivos ensejadores das cláusulas restritivas não mais subsistem ou de que tais cláusulas prejudicam ao invés de proteger é do autor, uma vez que há presunção de validade da justa causa disposta nas cláusulas restritivas.

A princípio, a ação de desconstituição ou cancelamento de cláusula restritiva será de jurisdição voluntária se os instituidores concordarem (e o registro público respectivo negar) ou se os instituidores já forem falecidos. A jurisprudência mais abalizada segue esse trilho:

> "BEM IMÓVEL. Procedimento de jurisdição voluntária de cancelamento de cláusulas de inalienabilidade, impenhorabilidade e incomunicabilidade. Sentença de improcedência. Insurgência da autora. Imóveis doados em 2003 pelos genitores da autora com reserva de usufruto e gravados de cláusulas restritivas. Doadores posteriormente falecidos. Propriedade plena consolidada. Autora que é plenamente capaz de gerir seu patrimônio. Cancelamento dos gravames. Cabimento. Entendimentos do C. STJ e deste E. Tribunal. Sentença modificada. Recurso provido". (TJSP, Apelação Cível n. 1009514-53.2020.8.26.0003, Rel. Maria de Lourdes Lopez Gil, 7ª Câmara de Direito Privado; Foro Regional III – Jabaquara – 6ª Vara Cível; data do julgamento: 18/02/2021; data de registro: 18/02/2021)

> "Agravo de instrumento. Alvará judicial. Decisão que indeferiu a expedição do alvará, determinando a intervenção ministerial no feito. Inconformismo da parte autora. Cabimento. Desnecessidade da intervenção do ministério Público no feito. Possibilidade de expedição de ofício ao Cartório de Registro de Imóveis para extinção do usufruto e levantamento das cláusulas de inalienabilidade, impenhorabilidade e incomunicabilidade sobre o bem, pois falecido o usufrutuário. Recurso provido". (TJSP, Agravo de Instrumento n. 2067658-80.2018.8.26.0000, Rel. Piva Rodrigues, 9ª Câmara de Direito Privado; Foro Regional XII – Nossa Senhora do Ó – 2ª Vara da Família e Sucessões; data do julgamento: 05/12/2018; data de registro: 05/12/2018)

Nada obsta a que seja deferida a desconstituição judicial das cláusulas restritivas nos autos do próprio inventário por não se tratar de questão de alta indagação:

> "Inventário – Decisão agravada que determinou que o levantamento da cláusula de inalienabilidade que grava o bem seja debatido em ação própria – Insurgência do inventariante – Desnecessário o ajuizamento de processo autônomo para análise do pedido formulado pelo inventariante acerca da expedição de alvará judicial com a preservação de cláusula restritiva de inalienabilidade ao imóvel a ser adquirido – Pleito que não envolve questão de alta indagação – Dilação probatória desnecessária – Dicção do disposto no Artigo 612 do Novo Código de Processo Civil – Matéria que deverá ser apreciada pelo MM. Juiz 'a quo', sob pena de supressão de grau de jurisdição – Recurso provido em parte". (TJSP, Agravo de Instrumento n. 2123585-02.2016.8.26.0000, Rel. Marcia Dalla Déa Barone, 3ª Câmara de Direito Privado; Foro Central Cível – 11ª Vara da Família e Sucessões; data do julgamento: 02/08/2016; data de registro: 04/08/2016)

2.5.26 Cancelamento ou desconstituição extrajudicial de cláusula restritiva de propriedade

Além da decretação judicial de cancelamento/desconstituição da cláusula de inalienabilidade, pode em situações específicas ser possível o cancelamento ou desconstituição extrajudicial de cláusula restritiva de propriedade.

Se a cláusula for vitalícia, por exemplo, basta a apresentação da certidão de óbito do beneficiário que possuía em sua propriedade a cláusula restritiva de propriedade. No mesmo sentido aponta *Mario Roberto Carvalho de Faria*:

> "Decorrido o prazo estabelecido ou cumprida a condição estabelecida pelo doador ou testador, as cláusulas deverão ser canceladas. Prevê o artigo 250 da Lei n. 6.015, de 31.12.1973, Lei dos Registros Públicos: 'Far-se-á o cancelamento: [...] III – a requerimento do interessado instruído com documento hábil'. Para cancelar a cláusula vitalícia, faz-se um requerimento dirigido ao Oficial do Registro Geral de Imóveis, onde se acha matriculado o imóvel, solicitando o cancelamento, juntando-se a certidão de óbito do beneficiário gravado. Sendo temporária ou sob condição, procede-se da mesma forma, instruindo-se o pedido com a prova do implemento do termo ou da condição. Ex.: Se o bem está clausulado até que o beneficiado complete 40 anos de idade, o requerimento será instruído com a certidão de nascimento do beneficiário, comprovando ter atingido a idade estabelecida".[62]

Pode ainda haver o cancelamento ou desconstituição extrajudicial de cláusula restritiva de propriedade no caso de doação se os doadores ainda estiverem vivos e consentirem no cancelamento ou desconstituição da cláusula restritiva por meio de escritura pública.[63]

Se apenas um dos doadores estiver vivo, deve-se fazer a desconstituição por via judicial.

2.5.27 Cláusula de inalienabilidade aplicada a determinadas pessoas

Outro ponto de celeuma é a questão envolvendo a validade de cláusula de inalienabilidade aplicada a determinadas pessoas.

---

62 FARIA, Mario Roberto Carvalho de. *Direito das sucessões*, cit., p. 244.

63 No mesmo sentido: ALVIM, Agostinho. *Da doação*, cit., 1972, p. 254.

Depara-se às vezes com cláusulas que estipulam que determinado bem só pode ser alienado a pessoa da família ou a certa pessoa, não podendo ser, por via de consequência, alienado para outrem.

Há doutrinadores de envergadura, como *Pontes de Miranda*, que enxergam em tal cláusula um direito de preferência e não uma cláusula restritiva:

> "A cláusula de só se poder vender ou doar o bem clausulado a determinada pessoa não é cláusula de inalienabilidade: é cláusula de preferência (raramente, de opção), e não de inalienabilidade, erro em que incorrem alguns juristas e julgados...".[64]

Ousamos discordar do ilustre jurista.

Não se trata de direito de preferência. Se fosse direito de preferência, haveria necessidade apenas de permitir a determinada pessoa exercer tal direito de preferência e, em caso de negativa, não impedindo a alienação a outrem.

No caso citado, há impedimento de alienação a outrem.

Trata-se de cláusula restritiva de alienação ainda que parcial.

Tais cláusulas são a nosso ver lícitas e normalmente possuem um antecedente fático que as justifique: permanecer o patrimônio com a família, eleger como adquirente determinada pessoa que goze de confiança do autor da restrição, alienar apenas para outro franqueado etc.

Como bem lembra *José Ulpiano Pinto de Souza*, desde as Ordenações já se admitia cláusulas nesse sentido.[65]

---

[64] PONTES DE MIRANDA, Francisco Cavalcanti. *Tratado de direito privado.* Atual.: Giselda Hironaka e Paulo Lôbo. São Paulo: Revista dos Tribunais. t. LVII. p. 134.

[65] SOUZA, José Ulpiano Pinto de. *Das clausulas restrictivas da propriedade*, cit., p. 199.

2.5.28 Desnecessidade de autorização judicial para menor receber em doação bem com cláusula restritiva de propriedade

Discute-se a necessidade de, na hipótese de se fazer doação de bem imóvel para menores com cláusula restritiva de propriedade, ser necessária autorização judicial.

Entendemos que não prospera tal entendimento porque as cláusulas restritivas de propriedade não são encargos, mas apenas limitações ao direito de propriedade, não precisando de autorização judicial, segundo aponta a jurisprudência:

> "APELAÇÃO CÍVEL - JUSTIÇA GRATUITA - FALTA DE INTERESSE RECURSAL - PROCEDIMENTO DE DÚVIDA - OFICIAL DE REGISTRO DE IMÓVEIS DE DORES DO INDAIÁ - DOAÇÃO DE BEM IMÓVEL DE PAIS A FILHOS MENORES - ART. 543 CÓDIGO CIVIL - CLÁUSULAS DE IMPENHORABILIDADE E INCOMUNICABILIDADE - ENCARGOS - NÃO CONFIGURAÇÃO - NECESSIDADE DE AUTORIZAÇÃO JUDICIAL - DISPENSA - MEDIDAS DE PROTEÇÃO AO PATRIMÔNIO DO DONATÁRIO - ENTENDIMENTO STJ - DOAÇÃO PURA - Art. 1.691 CÓDIGO CIVIL - SENTENÇA REFORMADA - Uma vez que o benefício da justiça gratuita já foi deferido ao apelante pelo juiz *a quo* não há utilidade e necessidade de novo pronunciamento do Poder Judiciário para satisfazer a pretensão buscada (interesse recursal), pelo que prejudicado o pedido. - As cláusulas de impenhorabilidade e incomunicabilidade não consistem em encargos ou ônus real ao imóvel, pois não limitam a fruição e a disposição da propriedade, e também, nos termos do entendimento do STJ, não geram a presunção do ônus da inalienabilidade (Resp. n. 1.155.547/MG - Rel. Ministro Marcos Buzzi - Quarta Turma - DJe.: 06/11/2018). - A doação de bem imóvel pelos pais aos filhos menores gravados com as cláusulas de impenhorabilidade e inalienabilidade é considerada uma doação pura, que dispensa aceitação dos donatários, e por conseguinte, autorização judicial, uma vez que tais cláusulas representam medidas protetivas ao patrimônio dos beneficiários.

> – Recurso provido. Sentença reformada". (TJMG, Apelação Cível n. 1.0000.21.059234-1/001, Rel. Desembargador Fábio Torres de Sousa (JD Convocado), 8ª Câmara Cível, julgado em 30/07/2021, publicação da súmula em 17/08/2021)

Assim, a doação com cláusula restritiva de propriedade (independentemente de qual seja) ainda se considera doação pura, sendo desnecessária autorização judicial.

2.5.29 Juízo competente para decidir sobre a validade de penhora no rosto dos autos de bem de inventário com cláusula restritiva de propriedade

Situação comum é haver penhora no rosto dos autos de bem de inventário proveniente de outros juízos e no qual há cláusulas restritivas de propriedade (inalienabilidade, impenhorabilidade e/ou incomunicabilidade).

Há dúvida se o juízo apto a discutir a validade das cláusulas e a subsistência da penhora seria o do inventário ou o juízo originário da ordem de constrição judicial.

Entendemos que, enquanto existir o inventário, o juízo universal para decidir sobre a validade das cláusulas e a subsistência da penhora seria o juízo do inventário (por não envolver a princípio questão que dependa de dilação probatória), conforme disciplina o art. 612 do CPC[66]. A jurisprudência não destoa:

> "AGRAVO DE INSTRUMENTO. AÇÃO INDENIZATÓRIA. CUMPRIMENTO DE SENTENÇA. PENHORA NO ROSTO DOS AUTOS DE INVENTÁRIO. BEM IMÓVEL. CLÁUSULA DE IMPENHORABILIDADE E INCOMUNICABILIDADE. INCIDENTE DE IMPENHORABILIDADE. REJEIÇÃO. IMPOSSIBILIDADE. COMPETÊNCIA DO JUÍZO DA VARA DE FAMÍLIA

[66] Art. 612 do CPC: "O juiz decidirá todas as questões de direito desde que os fatos relevantes estejam provados por documento, só remetendo para as vias ordinárias as questões que dependerem de outras provas".

> E DE SUCESSÕES. AGRAVO PARCIALMENTE PROVIDO. - O Juízo Cível, ao reconhecer a invalidade do preceito protetivo de impenhorabilidade e de incomunicabilidade, invade tema da Vara especializada de Família e de Sucessões. - A invalidação de parcela do testamento por falta de justa causa sobre a cláusula de impenhorabilidade e de incomunicabilidade escapa dos limites da Vara Cível em que prolatada a decisão agravada. - O Juízo de origem limita-se a decidir sobre realização da penhora em si. A efetivação desta sobre os bens do acervo hereditário, por sua vez, é questão a ser dirimida pelo Juízo do Inventário". (TJMG, Agravo de Instrumento-Cv n. 1.0000.20.491764-5/001, Rel. Desembargador José Marcos Vieira, 16ª Câmara Cível, julgado em 10/02/2021, publicação da súmula em 11/02/2021)

Acaso realizada a partilha e inexistindo inventário, aí sim será competente o juízo originário da ordem de penhora para decidir sobre a validade das cláusulas e a subsistência da penhora.

2.5.30 Penhora originada de execução de alimentos em bem com cláusula de inalienabilidade ou impenhorabilidade

É cediço que os alimentos são uma das maiores necessidades, e a penhora decorrente de alimentos pode incidir em vários bens jurídicos que outras penhoras não alcançam.

Por isso, questiona-se a possibilidade de penhora decorrente de execução ou cumprimento de sentença de alimentos sobre bem com cláusula de inalienabilidade ou impenhorabilidade. Há precedentes nesse sentido:

> "EXECUÇÃO DE ALIMENTOS – Decisão agravada indeferiu penhora de 50% de 1/6 de bem imóvel cravado de cláusula de inalienabilidade e reserva de usufruto, doado ao agravado por seus genitores – Inconformismo – Possibilidade de penhora visto se tratar de crédito alimentício, tendo ocorrido prévio recurso a outras formas de satisfazê-lo – Preservado, no entanto,

> ônus real com reserva de usufruto – Recurso provido". (TJSP, Agravo de Instrumento n. 2168229-54.2021.8.26.0000, Rel. Rui Cascaldi, 1ª Câmara de Direito Privado; Foro de Santos – 3ª Vara de Família e Sucessões; data do julgamento: 24/09/2021; data de registro: 24/09/2021)

> "AGRAVO DE INSTRUMENTO. EXECUÇÃO DE ALIMENTOS DEVIDOS AO FILHO. BEM INDIVISÍVEL DOADO AO PAI-ALIMENTANTE. IMÓVEL GRAVADO COM ÔNUS REAL DE USUFRUTO. INALIENABILIDADE. TERMO. PENHORA. POSSIBILIDADE. Conquanto seja difícil a alienação de bem indivisível, tal característica não impede a possibilidade de penhora, mesmo em se tratando de imóvel gravado com ônus real de usufruto vitalício e com cláusulas restritivas, mormente em se considerando as peculiaridades do caso. Eventual adjudicação deverá respeitar o ônus real que recai sobre o imóvel, assegurando-se, ainda, as frações dos demais proprietários, porquanto a constrição judicial incidirá apenas sobre a cota parte do executado". (TJDF, 07022555420198070000 – Segredo de Justiça 0702255-54.2019.8.07.0000, Rel. Carmelita Brasil, 2ª Turma Cível, julgado em 03/07/2019, DJE 18/07/2019)

Ousamos discordar. Por mais importante que sejam os alimentos, não podem sobrepor a vontade do doador ou testador ou instituidor da limitação.

Como é pacífico, o bem foi objeto das cláusulas antes de repassar a propriedade do beneficiário, por isso a vontade do doador ou testador ou instituidor da limitação prevalece.

2.5.31 Penhora sobre nua propriedade de bem com cláusula de inalienabilidade ou impenhorabilidade em usufruto vitalício

Outro foco de polêmica é o de saber se é possível a penhora da nua propriedade de bem com cláusula de inalienabilidade ou impenhorabilidade em usufruto vitalício.

Se não houver cláusula de inalienabilidade ou impenhorabilidade sobre todo o bem ou sobre a nua propriedade e existir apenas sobre a nua propriedade, esta última poderá ser penhorada por se tratar de parte independente da propriedade.

O TJSP já teve a oportunidade de analisar a questão e apontou da mesma forma:

> "AGRAVO DE INSTRUMENTO - BEM IMÓVEL - CUMPRIMENTO DE SENTENÇA - PENHORA - Possibilidade de constrição sobre nua propriedade de imóveis gravados com cláusulas de inalienabilidade, impenhorabilidade e incomunicabilidade, ressalvado o direito real de usufruto, inclusive após a arrematação ou a adjudicação, até que haja sua extinção. RECURSO PROVIDO". (TJSP, Agravo de Instrumento n. 2252153-94.2020.8.26.0000, Rel. Antonio Nascimento, 26ª Câmara de Direito Privado; Foro Central Cível - 8ª Vara Cível; data do julgamento: 25/03/2021; data de registro: 26/03/2021)

2.5.32 Doação de bem público com cláusula de inalienabilidade

É comum órgãos públicos doarem bens (principalmente imóveis) para particulares. Por exemplo, municípios doam bens imóveis para empresas instalarem unidades em seu território visando obter geração de empregos, arrecadação de impostos e fomento da economia.

Normalmente tais doações são acompanhadas de cláusulas de inalienabilidade do bem, além de outros encargos (instalar e operar indústrias, instalar e operar entidades sem fins lucrativos etc.).

Coloca-se que a empresa donatária do imóvel não pode alienar o bem por período determinado (ex.: 15, 20, 30 anos).

O problema se dá pelo fato de que, em algumas situações, as empresas recebem bens públicos sem prazo determinado da cláusula de inalienabilidade.

Quando isso ocorre, muitos proprietários das empresas se questionam se teriam de manter eternamente a cláusula de inalienabilidade no imóvel ou se pode haver sua desconstituição judicial.

A nosso ver – como mencionado anteriormente –, inexiste no ordenamento jurídico nacional a figura da cláusula de inalienabilidade perpétua ou eterna. E seria injustificável se houvesse.

O que se deve exigir é que seja o imóvel inalienável pelo prazo razoável para se cumprirem os encargos.

Assim, uma empresa que recebeu um imóvel para construir uma fábrica deve manter sobre dito imóvel a inalienabilidade tão somente pelo prazo razoável para que haja o retorno ao poder público em forma de empregos, impostos e demais benefícios.

Além de o ordenamento jurídico brasileiro não permitir cláusula restritiva ou encargo perpétuo, não é razoável que uma empresa tenha de suportar uma inalienabilidade eterna, mesmo porque na maioria das vezes possui vários encargos e contrapartidas envolvidas. Não seria razoável que uma empresa ficasse 50, 100, 200 anos ou eternamente vinculada a ditas cláusulas restritivas.

E tal entendimento, além de trazer segurança jurídica, também preserva o próprio Estado, pois têm sido notificadas com frequência situações nas quais particulares doaram bens para o poder público e depois de longo período (50, 70, 80, 100 ou mais anos) pedem a reversão de tais bens, o que é desarrazoável e desproporcional.

O que interessa é que se promova a limitação na propriedade por período razoável para que sejam trazidos benefícios ao poder público. Ultrapassado tal período (que deve ser analisado apenas no caso concreto na hipótese de não haver prazo determinado), pode o beneficiário desconstituir a cláusula do bem recebido, subsistindo este livre e desembaraçado quanto a esse motivo.

Assim, pode o donatário de imóvel público pedir a desconstituição judicial da cláusula de inalienabilidade do imóvel se demonstrar justa causa para tanto (ter transcorrido prazo razoável para o cumprimento da destinação para a qual o bem foi recebido).

O TJMG tem precedente no mesmo sentido:

> "APELAÇÃO CÍVEL - DIREITO CIVIL - BEM RECEBIDO EM DOAÇÃO PURA - REVERSÃO - DESCABIMENTO - CLÁUSULA DE INALIENABILIDADE

> – EXTINÇÃO – POSSIBILIDADE EXCEPCIONAL – JUSTA CAUSA – EXISTÊNCIA – PESSOA VIÚVA DE AVANÇADA IDADE – GRAVAME INSTITUÍDO NA DÉCADA DE 60 – PERMANÊNCIA DA RESTRIÇÃO QUE NÃO SE JUSTIFICA – LIMITAÇÃO DESARRAZOADA À FUNÇÃO SOCIAL DA PROPRIEDADE – RECURSO PROVIDO. A doação pura e simples de pequena área urbana do patrimônio público municipal a particular faz desaparecer a qualidade de bem público anteriormente ostentada, não sendo possível invocar essa inexistente natureza jurídica como causa determinante de direito de reversão, não previsto expressamente no instrumento do ato jurídico de liberalidade. Mesmo sob a égide do Código Civil de 1917, a doutrina e a jurisprudência pátrias já admitiam a possibilidade de extinção de cláusula de inalienabilidade imposta em caráter irrevogável e irretratável, caso demonstrada a justa causa do pedido, entendimento que se robusteceu com a leitura daquele diploma sob a perspectiva principiológica da CRF/88 e, posteriormente, com o advento nova lei geral civil. A permanência de gravame sobre o imóvel, após décadas de sua instituição, não se justifica e caracteriza desarrazoado limite à função social da propriedade, mormente se considerado o princípio constitucional da dignidade da pessoa humana, quando o donatário, pessoa viúva e de avançada idade, não consegue mais usufruir diretamente do bem, através da fixação de residência no local ou da administração de locação, bem como presumidamente necessita dos valores decorrentes de alienação para custear sua subsistência, que incluem gastos elevados de saúde". (TJMG, Apelação Cível n. 1.0479.14.020672-9/001, Rel. Desembargador Leite Praça, 19ª Câmara Cível, julgado em 22/11/2018, publicação da súmula em 29/11/2018)

2.5.33 Alienação de bem com cláusula de impenhorabilidade e incomunicabilidade

Pode ser que determinado bem possua gravadas apenas as cláusulas de impenhorabilidade e incomunicabilidade.

Isso não é raro, pois muitos doadores e testadores deixam apenas tais cláusulas restritivas de propriedade incidir sobre os bens doados ou testados.

Tais cláusulas não implicam inalienabilidade.

Diante disso, discute-se o que ocorre quando se dá a alienação de tal bem.

A nosso ver, como as cláusulas não podem ser perpétuas e a cláusula de impenhorabilidade e incomunicabilidade exige justa causa que se relacione ao indivíduo que recebeu o bem, entendemos que a alienação do bem enseja a perda do objeto das cláusulas de impenhorabilidade e incomunicabilidade.

A cláusula de impenhorabilidade e incomunicabilidade não pode ser transferida para pessoa diversa do beneficiário da herança ou testamento.

O bem que tiver cláusula de incomunicabilidade não precisa de outorga uxória do cônjuge, ainda que o regime de casamento seja a comunhão universal.

Mesmo o art. 1.648 do Código Civil não prevendo expressamente que o gravame de incomunicabilidade dispensa a outorga uxória, tal dispensa ocorre da própria natureza da incomunicabilidade, que torna o bem exclusivo de um dos cônjuges, sendo teratológico exigir tal anuência do cônjuge.[67]

2.5.34 Limitações temporárias distintas para cláusulas restritivas impostas pelo mesmo doador, testador ou instituidor

O Professor *Carlos Alberto Dabus Maluf* levanta sobre a possibilidade de "saber se o testador ou doador pode estabelecer diferentes limites temporais para cada uma das cláusulas, fixando, por exemplo, uma delas como temporária e a outra como vitalícia".[68]

Entendemos que não há problema algum por não existir proibição legal, bastando que haja justa causa para tanto.

[67] MALUF, Carlos Alberto Dabus. *Das cláusulas de inalienabilidade, incomunicabilidade e impenhorabilidade*, cit., 2018, p. 57-58.

[68] MALUF, Carlos Alberto Dabus. *Das cláusulas de inalienabilidade, incomunicabilidade e impenhorabilidade*, cit., 2018, p. 55.

2.5.35 (In)validade de cláusula de insub-rogalidade

Hipótese também polêmica é saber se é válida cláusula de insub-rogalidade imposta por testador, doador ou instituidor.

Cláusula de insub-rogalidade é a cláusula que impede bens com cláusulas restritivas de propriedade de serem sub-rogados.

Entendemos que tal cláusula afronta o disposto no § 2º do art. 1.848 do Código Civil, que expressamente permite a sub-rogação. Não há razão jurídica plausível ou previsão legal permitindo a cláusula de insub-rogação, que expressamente contraria os preceitos legais. Seria uma disposição *contra legem.*

Como bem pontua *Noé Azevedo* em importante trabalho sobre o tema, "se o testador tem o direito de clausular, não tem, entretanto, a faculdade de impedir a sub-rogação das cláusulas, nem o de criar dificuldades para a sub-rogação".[69]

A inclusão de cláusula de insub-rogação é nula de pleno direito.

Além de não se poder incluir cláusula de insub-rogação porque o Código Civil (§ 2º do art. 1.848) prevê a sub-rogação, também não se pode criar dificuldades ou condições para sua incidência porque o § 2º do art. 1.848 do Código Civil da mesma forma não as prevê.

2.5.36 (Im)possibilidade de o magistrado decretar de ofício a invalidade de cláusula restritiva

Cristiano Chaves e *Nelson Rosenvald* levantam interessante questão: o magistrado pode decretar de ofício a invalidade de cláusula restritiva?[70]

Segundo esses autores, o julgador pode, em situações limítrofes, decretar de ofício a invalidade de cláusula restritiva.

Ousamos discordar parcialmente.

---

[69] AZEVEDO, Noé. Cláusula de insub-rogabilidade. *RT* 82/211, 1982.

[70] CHAVES, Cristiano Chaves de Farias; ROSENVALD, Nelson. *Curso de direito civil*: sucessões. Salvador: Juspodivm, 2017. p. 470.

Entendemos que o julgador pode pedir ao beneficiário ou interessado a comprovação da ocorrência da justa causa para validar a cláusula, mas não pode de ofício invalidá-la.

Isso porque tal medida afrontaria o contraditório e a ampla defesa.

Não há aqui afronta ao princípio da imparcialidade do magistrado ao promover tal exigência de comprovação da justa causa, uma vez que se trata de imposição legal realizar tal controle ao prever o Código Civil que apenas admitiria restrição com justa causa.

2.5.37 Nulidade do negócio jurídico no qual constam cláusulas restritivas de propriedade

Na hipótese de nulidade de negócio jurídico (doação, testamento ou contrato oneroso) no qual conste cláusula restritiva de propriedade (inalienabilidade, incomunicabilidade ou impenhorabilidade), a nulidade do primeiro (principal) enseja necessariamente a nulidade das cláusulas restritivas (acessório). O TJSP tem decisão com a mesma visão:

> "APELAÇÃO. AÇÃO DE EMBARGOS DE TERCEIRO. Sentença que julgou improcedente a pretensão autoral. Insurgência dos embargantes. Preliminares. Ausência de fundamentação da r. sentença. Inocorrência. D. Magistrado *a quo* que bem expôs suas razões ao decidir pela improcedência dos pedidos. Nulidade da r. sentença objeto dos presentes embargos. Não configuração. Inexistência de prejuízo processual experimentado pelos embargantes. Coembargante que teve seus interesses devidamente tutelados por seu genitor noutros autos, que, à época, figurava como seu representante legal. Exercício do contraditório diferido por meio da presente ação judicial. Mérito. Transferência de bens imóveis que se dá com o registro do título translativo no Registro de Imóveis. Inteligência do art. 1.245 do Código Civil. Averbação dos títulos translativos de propriedade às matrículas dos imóveis quando já havia decretação de indisponibilidade do patrimônio do

> doador. Nulidade do negócio jurídico configurada. Inaplicabilidade da Súmula 84 do STJ à espécie. Enunciado que, por restringir o direito do credor de utilizar-se de instrumentos processuais hábeis a garantir a satisfação de seu crédito, deve ser interpretada restritivamente. Cláusula de inalienabilidade e impenhorabilidade que, sendo adjetas ao negócio jurídico nulo, acompanham a mesma sorte. RECURSO DESPROVIDO". (TJSP, Apelação Cível n. 1009182-57.2018.8.26.0100, Rel. Azuma Nishi, 1ª Câmara Reservada de Direito Empresarial; Foro Central Cível – 2ª Vara de Falências e Recuperações Judiciais; data do julgamento: 28/07/2021; data de registro: 28/07/2021)

2.5.38 Incidência da cláusula de inalienabilidade sobre dinheiro

Muitas vezes, testamentos são realizados com cláusulas de inalienabilidade sobre todos os bens, e esquecem os testadores que entre esses bens pode existir dinheiro.

Daí surge a dúvida se a cláusula de inalienabilidade incide sobre o dinheiro.

Entendemos que não. Como a natureza jurídica do dinheiro é de circulação, não pode uma cláusula instituir que não seja alienável.

Assim, quando o testador mencionar que a cláusula de inalienabilidade incide sobre todos os bens, interpreta-se que não se inclui eventual numerário existente.

Em julgado sobre a questão, o TJSP entendeu da mesma forma:

> "Inventário – Testamento gravado com cláusula de inalienabilidade – Restrição que não impede o levantamento de valores depositados em conta bancária – Moeda que perderia a utilidade caso não fosse aproveitada e herdeira que precisa dos valores para custear suas próprias despesas – Recurso parcialmente provido". (TJSP, Agravo de Instrumento n. 2208394-17.2019.8.26.0000, Rel. Luis Mario Galbetti, 7ª Câmara de Direito Privado; Foro Central Cível – 10ª Vara da Família e Sucessões; data do julgamento: 30/10/2019; data de registro: 30/10/2019)

CONCLUSÕES

O instituto jurídico das cláusulas restritivas de propriedade, a nosso ver, tem grande relevo na preservação do patrimônio familiar, além de ser uma extensão da autonomia da vontade do testador, doador ou contratante instituidor.

Muitas vezes a doutrina contempla situações nas quais tais cláusulas criam embaraços ou não atentam para a finalidade para a qual foram criadas, mas não analisa as situações em que foram importantes e desempenharam papel protetivo.

Não é à toa que grande parte dos ordenamentos jurídicos democráticos as prevê e tem resistido às alterações legislativas nesses países.

Mesmo em situações em que podem trazer entrave ou não se prestam à finalidade para a qual foram constituídas, existem mecanismos para serem flexibilizadas ou desconstituídas.

Isso não quer dizer que não haja campo para o aperfeiçoamento das cláusulas restritivas de propriedade

Sugere-se, por exemplo, a eliminação da exigência de apresentação de justa causa, que a nosso entender traz mais dificuldades do que benefícios.

Pode trazer constrangimento para o instituidor das cláusulas restritivas e os beneficiários, tem alta carga de subjetivismo, é de difícil controle pelo Judiciário e não há motivo razoável para impedir quem pode dispor do bem de poder clausular restritivamente independentemente de mencionar os motivos.

Assim, seria mantido o direito do instituidor de tentar proteger ou limitar o poder de propriedade dos beneficiários sem impor exigências desarrazoáveis como o é a exigência da justa causa.

Outra alteração legislativa interessante seria excluir a menção ao aditamento de testamento, mesmo porque, na prática, inexiste aditamento de testamento, mas sim novo testamento, por se tratar de ato único, que não admite retificação ou complementação.

Ainda poderia constar que, dependendo da natureza jurídica, pode-se promover cláusula de inalienabilidade em contrato oneroso.

Sugere-se também alteração na legislação para fazer constar que o bem clausulado de inalienabilidade ou impenhorabilidade não responde por dívidas (inclusive tributárias), salvo na hipótese de as dívidas serem provenientes do próprio bem.

Outro ponto que merecia alteração é a alteração da legislação brasileira para exigir que, no caso de bem público, imponha-se prazo determinado para a permanência de cláusulas de inalienabilidade e impenhorabilidade, evitando que órgãos públicos exijam que pessoas fiquem para sempre vinculadas a elas e fazendo que exista, por via transversa, uma cláusula restritiva perpétua, o que o ordenamento brasileiro não permite.

Ou, ainda, fazer como a legislação italiana, que considera inválida a cláusula restritiva estabelecida fora de conveniente limite de tempo.

Também seria benéfico ao Estado quando for o ente público o beneficiário de doação com cláusula de inalienabilidade ou encargo, evitando que doadores ou sucessores venham pedir a reversão de determinado bem depois de muitas décadas ou séculos.

Por último, seria interessante previsão legislativa deixando clara a possibilidade de desconstituição judicial de cláusulas restritivas quando insubsistentes os motivos que lhes deram origem ou quando forem prejudiciais a quem deveria proteger.

Em resumo, merecem as cláusulas restritivas - sobretudo em épocas de economia cada vez mais dinâmica e instável - estudo mais detido, aprofundamento e melhor tratamento legislativo.

Aguardemos com esperança.

REFERÊNCIAS

ALVIM, Agostinho. *Da doação.* São Paulo: Revista dos Tribunais, 1963.

ALVIM, AGOSTINHO. *Da doação.* São Paulo: Saraiva, 1972.

AZEVEDO, Álvaro Villaça. Cláusula de inalienabilidade. *In*: *Enciclopédia Saraiva do direito.* v. XV.

AZEVEDO, Noé. Cláusula de insub-rogabilidade. *RT* 82/211, 1932.

BEVILÁQUA, Clóvis. *Direito das sucessões.* Rio de Janeiro: Livraria Editora Freitas Bastos, 1938.

CASSETTARI, Christiano. Considerações sobre as cláusulas de inalienabilidade, incomunicabilidade e impenhorabilidade. *In*: CASSETTARI, Christiano (coord.). *10 anos de vigência do Código Civil brasileiro de 2002.* São Paulo: Saraiva, 2013.

CHAVES, Cristiano Chaves de Farias; ROSENVALD, Nelson. *Curso de direito civil*: sucessões. Salvador: Juspodivm, 2017.

DIAS, Maria Berenice. *Manual das sucessões.* São Paulo: Revista dos Tribunais, 2018.

DINIZ, Maria Helena. *Código Civil anotado.* São Paulo: Saraiva, 2010.

FACHIN, Luiz Edson. *Estatuto Jurídico do Patrimônio Mínimo à luz do novo Código Civil brasileiro e da Constituição Federal.* Rio de Janeiro, 2006.

FARIA, Mario Roberto Carvalho de. *Direito das sucessões*: teoria e prática. Rio de Janeiro: Forense, 2018.

FERREIRA, Pinto. *Tratado das heranças e dos testamentos.* São Paulo: Saraiva, 1990.

FIORANELLI, Ademar. *Das cláusulas de inalienabilidade, impenhorabilidade e incomunicabilidade.* São Paulo: Saraiva, 2012.

GOMES, Orlando. *Sucessões.* Atualizador Mario Roberto Carvalho de Faria. Rio de Janeiro: Forense, 2019. *E-book.*

LEITE, Eduardo de Oliveira. *Comentários ao Novo Código Civil.* Rio de Janeiro: Forense, 2003. v. XXI: Do direito das sucessões (arts. 1.784 a 2.027).

MALUF, Carlos Alberto Dabus. *Das cláusulas de inalienabilidade, incomunicabilidade e impenhorabilidade.* São Paulo: Saraiva, 1986.

MALUF, Carlos Alberto Dabus. *Das cláusulas de inalienabilidade, incomunicabilidade e impenhorabilidade.* São Paulo: YK Editora, 2018.

MAXIMILIANO, Carlos. *Direito das sucessões.* Rio de Janeiro: Livraria Freitas Bastos, 1958.

NADER, Paulo. *Curso de direito civil*: direito das sucessões. Rio de Janeiro: Forense, 2016. v. 6. *E-book.*

NEVARES, Ana Luiza Maia. *A função promocional do testamento*: tendências do direito sucessório. Rio de Janeiro: Renovar, 2009.

OTERO, Marcelo Truzzi. *Justa causa testamentária*: inalienabilidade, impenhorabilidade e incomunicabilidade sobre a legítima do herdeiro necessário. Porto Alegre: Livraria do Advogado, 2012.

PONTES DE MIRANDA, Francisco Cavalcanti. *Tratado de direito privado.* Atualizado por Giselda Hironaka e Paulo Lôbo. São Paulo: Revista dos Tribunais, 2012. t. LVII.

REALE, Miguel. Vínculo da cláusula de inalienabilidade. *Doutrinas Essenciais de Direito Registral*, São Paulo, v. 5, p. 837-846, dez. 2011.

SOUZA, José Ulpiano Pinto de. *Das clausulas restrictivas da propriedade:* inalienabilidade, impenhorabilidade, incomunicabilidade, conversão e administração ou *Commentario ao art. 3º da lei sucessória n. 1839 de 31 de dezembro de 1907.* São Paulo: Escolas Prof. Salesianas, 1910.

TARTUCE, Flávio. *Direito civil*: direito das sucessões. Rio de Janeiro: Forense, 2000. *E-book.*

TEIXEIRA, Wendel de Brito Lemos. *A prova ilícita no processo civil.* Belo Horizonte: Del Rey, 2014.

TEIXEIRA, Wendel de Brito Lemos. A vintena do testamenteiro. *Revista IBDFAM: Famílias e Sucessões*, Belo Horizonte: IBDFAM, v. 37, jan./fev. 2020.

TEPEDINO, Gustavo *et al. Código Civil interpretado conforme a Constituição da República.* Rio de Janeiro: Renovar, 2014. v. IV.

TEPEDINO, Gustavo *et al. Direito das sucessões.* Rio de Janeiro: Forense, 2020. *E-book.*

VENOSA, Sílvio Salvo. *Direito civil*: família e sucessões. São Paulo: Atlas, 2020. v. 5.